やってみよう。水晶透視

スクライング・リーディング力が身につく

ひあり奈央

彩流社

はじめに

水晶透視には二つの側面があります。予知をすること、物を見ること。そして、自分のライトボディ活性が自然となされることです。

水晶透視で、映像がはっきりと見えているその時には、高次の世界との接続がしっかりとなされています。その時に、大きな生命力が自分自身に流れ込んできて、つまりライトボディ活性がなされるというわけです。

そのことによって、自分自身の変容が促され、それは本来の自分に戻るというような感覚がするかもしれません。本当の自分を思い出すことでもあるのです。

水晶透視のだいご味は、こちらにあると言ってもよいのです。

水晶は地球で生きる人間にとって、とても大切な存在です。あなたと地球を繋げてくれます。

水晶はとても長い年月をかけて地球の大地の中で結晶化していきます。そのため、今までの地球の記憶すべてが水晶に詰まっているといっても言い過ぎではありません。水晶は地中で成長してきた、生き物のようなものでもあるのです。

違う時代の記憶や体験に、アクセスすることを可能にしてくれます。

あなたが水晶を手に取り、水晶とあなたが周波数を合わせた時、その水晶は水晶の集合体と周波数を合わせます。そうやって、その時に必要な情報が、水晶の集合体を通じてあなたにもたらされるのです。

高い周波数とともに。


「イニシエーション」という言葉を耳にしたことがある人も多いと思います。一般的にイニシエーションとは、儀式でイニシエーターに何らかのパワーやスキルを伝授され、その仲間に入ることを意味するようです。

私は2011年に水晶透視の練習を始めたのですが、その頃からぐっと神秘体験の数が増えていき、ついには黒鏡や水晶球にテレビと変わらないようなくっきりとした映像を見るようになります。私はその時、これは自然な形で起こるイニシエーションのようだ、と思いました。

水晶透視は、広義では魔術の一種にカテゴリー分けされることが多いのですが、始めた頃の私はそのことを知りませんでした。私は１９９０年代半ばから、占星術とタロットの占術師として仕事をしてきましたが、それほど魔術には興味がなかったのです。そんな私が、ひょんなことから水晶透視の練習を始めて、明確な映像を見るようになりました。そしてその時から、新しい何かが始まりました。水晶透視の練習を始めた年は、東日本大震災があった年でもあり、私だけではなく、あの大地震の大地の震動を体感した人の多くの人の意識が開かれたように思います。

「イニシエーション」という言葉には「始まり」という意味があります。イニシエーションと呼ばれる多くの儀式は、この始まりを意図的に起こそうというものですが、そのイニシエーションは時々、長くその時を待ち詫びていた人たちに、また長くそのために準備をしていた人に、偶発的にもしくは計画的に、自然発生のように起こることがあるのです。

イニシエーションなのだから、古い自分は死に、「私」は新たに誕生する。私は以前とはすっかり別人になる。

それは良いことばかりではないのですが、すべてにおいてサイズアップしたような感覚はあります。おとなしく、受動的な性格だった私のエネルギーが勢いよく回流し始めました。身近な人たちからは、以前よりもおおらかになった、器が大きくなった、キャパが大きくなったなどと言われます。

実際に、エネルギーが大きく回流することによって、肉体の周りを取り巻くように存在していると思われるオーラの体のようなライトボディも作り変えられるので、性格も変わります。それはあたかも、実体の私の背後に存在していた、隠されていた私が表に出てきた感じでもあります。

オーラが前よりも大きくなったかどうかは別として、起こる出来事の規模は以前より大きくなったような気がします。水晶透視を始める時に、このような自己を超えた、より大きなところからのエネルギーと接触することでよりダイナミックな自分になりたい、という気持ちを持って水晶透視を始めるのもよいでしょう。

また、何も期待せずに、ただ水晶を見つめていたい、と思うだけ。それもとても素敵です。私はその口でした。ただ、見たかった。エネルギーが大きく回流し始めたのは、後付けです。始めたときは、そういうことをよく理解していなかったし、実際、どうでもよかったのです。

ともあれ、これを読んでくださっているあなたにも、不思議でドラマチックな変容が起こりますように。あなたに自然な形でXデーが訪れ、パワフルにイニシエートされる日が来ますように。

私が水晶透視や黒鏡を本格的に練習し始めたのは、2011年の1月の末のことです。あることがきっかけで非常に美しいくっきりとしたホログラムを見たのがすべての始まりでした。

20代の時に私は、あるタロット研究会のメンバーだったのですが、その主宰の人が本を出していることを偶然知り、その本を購入しました。本を手にしたその日、私は当時を懐かしく思い出しながら、最初の数ページと、あとがきだけを読んで枕元に置いて眠りにつきました。

幽体離脱についての専門書でしたが、その本がまだ良い本なのかどうかもよく判断できないし、面白いと感じる間もなく。しかし、何だかエネルギー的にはずっしりくる本だな、という印象だけはありました。そしてそのまま眠りに落ちて、その日の夜中に、ふと目が覚めた瞬間に、あり得ないくらいに鮮やかでくっきりとしたホログラムを見たのです。

空間に現れるホログラムを見ることは以前からあったのですが、これほどピントがぴったりと合った、迫力のあるホログラムを見たのは初めてでした。さらっと書いていますが、これはかなり怖い体験です。本当に驚きました。

何もないベッドの上の空間に、たぶん天井から30センチくらい下のところに完璧に美しい形の白銀色に輝くクモの巣と、そこから私の顔に向かってゆっくりと、まっすぐに降りてくる白銀色に輝くクモ。

見た瞬間に、これは夢ではないとわかりました。そうかといって現実のクモでもないということもすぐに理解しました。

白銀色のクモはどんどんと糸をつたいながら降りてきました。私の顔につきそうなくらいまで容赦なく降りてきました。

初めての体験に私の心臓はドキドキ。なんかやばい、なんか怖い、というような独り言が胸の中でリフレインされていました。私はゆっくりと顔をクモから避けるように横に身体をずらし、そっと立ち上がりました。そこでホログラムはゆっくりと消えていきました。

「この本には、読者にホログラムを見せるしかけでもしてあったのだろうか」

しばらく呆然とその場に立ち尽くし、そんなことを考えました。

そのタロット研究会のその主宰の人は、何かそういうことのできる人、そしてやりかねない人だと思ったからです。

あれだけ怖かったのに、終わってみるともうそれは魅了されていました。この世のものとは思えない美しいものを見てしまった、そのことに興奮しました。

そして、「明日も見られるかもしれない。これからずっと見えるのかもしれない！」と淡い期待も抱きました。だいたい、こういう神秘体験をした時は、その瞬間に、これがこれから永遠に続くのだと思ってしまうものなのですが、それはないですね。次の日も、その次の日もホログラムを見ることはありませんでした。

タロットと占星術以外のオカルト方面からはしばらく遠ざかっていましたが、そのタロット研究会の主宰の人のサイトを久しぶりに覗いてみると、黒鏡の紹介ページがありました。

そういえば昔、タロットの研究会に通っていた頃、黒鏡をもらったことがあること、これを見続けると何かすごいことが起こると言っていたこと……そんな記憶が戻ってきました。当時の私は、魔術的なことにはそれほど興味がなく、ただタロットをもっと読めるようになりたいとだけ思っていたので、その黒鏡は、ピアスや指輪を置くお皿になってしまっていたことも思い出し、非常に申し訳ない気持ちにもなりました。

そして、そのよみがえってくる記憶と感情の中から、ふと「これ、やってみよう」という確信と直感が瞬間的に混ざり合った何か、意図と呼ばれるようなものが私に降りてきたのです。

もう一度、あのようなホログラムを見たい、体験したい。

この黒鏡やスクライングを練習すれば、あのホログラムのような美しい映像をまた見られるのだ。私はその時そう直感したのです。透視やスクライングの知識が全くなかったにもかかわらず。

「また見たい」。

水晶透視を始めたのは、それだけが理由だったかもしれないです。
それから私はスクライングを始め、練習しまくりました。くっきりとした映像が何も見えない日々が続き、このホログラムの夜から約1年5か月後、とうとう黒鏡に明確なはっきりとした映像を見るようになるのです（それは、白黒の動画で、出兵前の兵隊が集っているシーンでした。白黒といえども、くっきり度はテレビと変わらず、まるで戦争ドキュメンタリーのようでした）。

2020年3月

ひあり奈央

やってみよう。水晶透視［目次］

はじめに

第一章　水晶透視とは？

◎スクライングとは……26
◎黒鏡透視とは……27
◎水晶透視は魔法のひとつ……28
◎水晶透視で見ることのできるもの、感知できるもの……29
◎水晶透視は水晶を使った情報やエネルギーの送受信……33
◎どんなふうに見えるのか……35
◎水晶透視の答えの受け取り方……36
◎くっきりとした映像は大まかに分けて2パターン……37
◎何も期待せずにいる時、大きなものを受け取る……39
◎色で受け取る……40

◎はっきりとした映像が見られるようになるまでのステップ……40
◎私は、本当に映像が見えているの？……49
◎「見えたような気がする」にも3つの段階がある……50
◎水晶透視の映像の特色……51
◎トレーニング次第で、誰でもスクライヤーになれる……55
◎スクライングで著名な人たち……57

第二章　水晶透視を始める前にやっておくこと

自分にピッタリの水晶球を見つけよう

◎水晶は、地球を代表する石……62
◎なぜ、スクライングに水晶が使われるか……63
◎まずは天然の水晶を手に入れよう……64
◎どのような形がよいのか？……66
◎水晶透視に手頃な大きさは？……67
◎水晶は人を選ぶ？……68
◎水晶はモノではなく、存在……69

◎水晶の保管方法は？……70
◎水晶はどこで購入できるか……70
◎直接見てから買おう……71
◎透明タイプ以外の水晶もスクライングに使える？……72
◎水晶の石の特徴……73
◎水晶以外の石の特徴……76
◎水晶を手に入れたらまず浄化しよう……78
◎石の浄化を怠るとどうなるか……82
◎スクライングの道具の貸し借りはやめよう……83
◎水晶球以外に用意したほうがよいもの……84

水晶透視をする環境を整えよう

◎一人になれる静かな場所を用意しよう……88
◎飛行機の中で水晶透視をしてみたら……89
◎旅先での水晶透視……90
◎綺麗な部屋で、潜在意識をストレスフリーに……92
◎潜在意識はすべてを把握し、記憶している……92
◎エネルギーは部屋にも蓄えられ、「力の場所」となる……94

◎水晶透視に最適なベストシーズン……95
◎練習に最適な時間帯を見つけよう……99

水晶透視の鍵・エネルギー体を強化しよう

◎映像はオーラの体ともいえるエネルギー体で見る……101
◎見た映像は、光の体に記憶され、ストックされる……103
◎サイキックスポンジとサイキックアタック……104
◎眼鏡やコンタクトを外してエネルギー体を感じてみよう……106
◎思考、感情、記憶。余分な物を減らしてエネルギーを取り戻す……107
◎エネルギー体を豊かにするエネルギーワーク……108
◎月のサイクルを味方につけよう……112

第三章　さあ、水晶透視をやってみよう！

ステップ1…部屋を好みの暗さにする……116
ステップ2…スクライングをする姿勢を決める……117
◎姿勢や道具を変えながらもＯＫ

ステップ3…体をリラックスさせて、エネルギーを集めよう……122
◎体の力を抜いて、全身をリラックスさせる
◎呼吸を整えよう
ステップ4…エネルギーを集めよう。光の体を強めよう……125
◎オーラを強くするエクササイズ❶
◎オーラを強くするエクササイズ❷
◎水晶と呼吸するワークをしてみよう
ステップ5…さあ、水晶を見つめてみよう……130
◎質問はきちんとセンテンスにする
◎オーラ全体で水晶を包み込むように見る
◎明確な映像ほど、映像の意味は抽象的
◎自分のイメージの中で勝手にストーリーや答えを決めない
◎ノイズを減らし、「どうでもいい」と思えるか
◎水晶透視と夢の関係
◎水晶透視と明晰夢

ステップ6…ノートに記録を取ろう……139
◎光の体の体験は、文字にしても不思議なオーラと力を持つ
◎五段階でスクライングが上手くいったかどうかを書いておこう
ステップ7…水晶透視の練習を2、3時間やってみよう……146
◎グループで映像を見る練習をしてみよう
◎道具によって、見ることのできる映像は違う

第四章 スクライング・リーディング力を高めるために

スクライングの象徴解釈の基本ポイント
◎まずシンボルに慣れよう……150
◎網の目状の地球グリッドの線……151
◎レコード盤のような細かい同心円状の線……152
◎霧や靄や光の位置で解釈する……153
◎色からリーディング……154
◎数字からリーディング……157

◎文字からリーディング……159
◎動物・植物からリーディング……160
◎地球以外と思われる惑星……163
◎アイテムからのリーディング……164
◎解釈のポイント……167

エネルギー体に「色」をストックしよう

◎多くの人が初めて見るのは「色」？……169
◎見ることのできる色を増やしていこう……172
◎「色を見る」トレーニング……173
エクササイズ❶　色を探してみよう……174
エクササイズ❷　色を呼吸して、感じよう……177
◎水晶球に見えづらい色でわかるあなたのコンディション……178
◎生き物のように振動する色たち……181
◎初めて水晶に色を見た時の話……183

水晶・黒鏡以外のツールでスクライングしてみよう

◎道具を使わないスクライングもある……186

◎雲のスクライング……187
◎水盤を見つめるスクライング（ハイドロマンシー）……190
◎ハイドロマンシーで浮かび上がる映像の特徴……191
◎湖や川でスクライング……194
◎コーヒー占い……195
◎紅茶占い（タセオグラフィー）……197
◎キャンドルスクライング……198
◎自然に起こるスクライングもある……201

第五章 練習を始めてから映像が見えたその瞬間まで

水晶透視、夢、ヴィジョン……重なり合っている世界

◎暗い部屋が一段と黒く暗くなる、３Ｄブラックネス……204
◎自分のルーツを夢でたどる……206
◎初めて色を見る……208
◎秋分の日に海沿いのお祭りに行く……209
◎夢の周波数が上がる……212

◎春分前にモーツァルトの松果体を借りる夢……217
◎春分の直前に人のホログラムを見る……218
◎ロゴのようなものをたくさん見る……219
◎4月15日の日曜日。竜宮。エジプトとシリウス。東の海とのつながり……219
◎ついに、映像を見る。「バチバチ」という音が始まりの合図……224
◎初めて映像を見た後……227
◎それぞれの世界が重なり合っている……229
◎初めて映像を見た直後の10日間は、その後の数年間の鋳型?……230

おわりに…水晶は持っているだけでも開運効果バツグン

◎ポケットやバッグに入れて持ち歩こう……232
◎パワースポットに持って行こう……233
◎霊的な妨害から身を守ってくれる……234
◎家に飾っておくだけでもOK……235

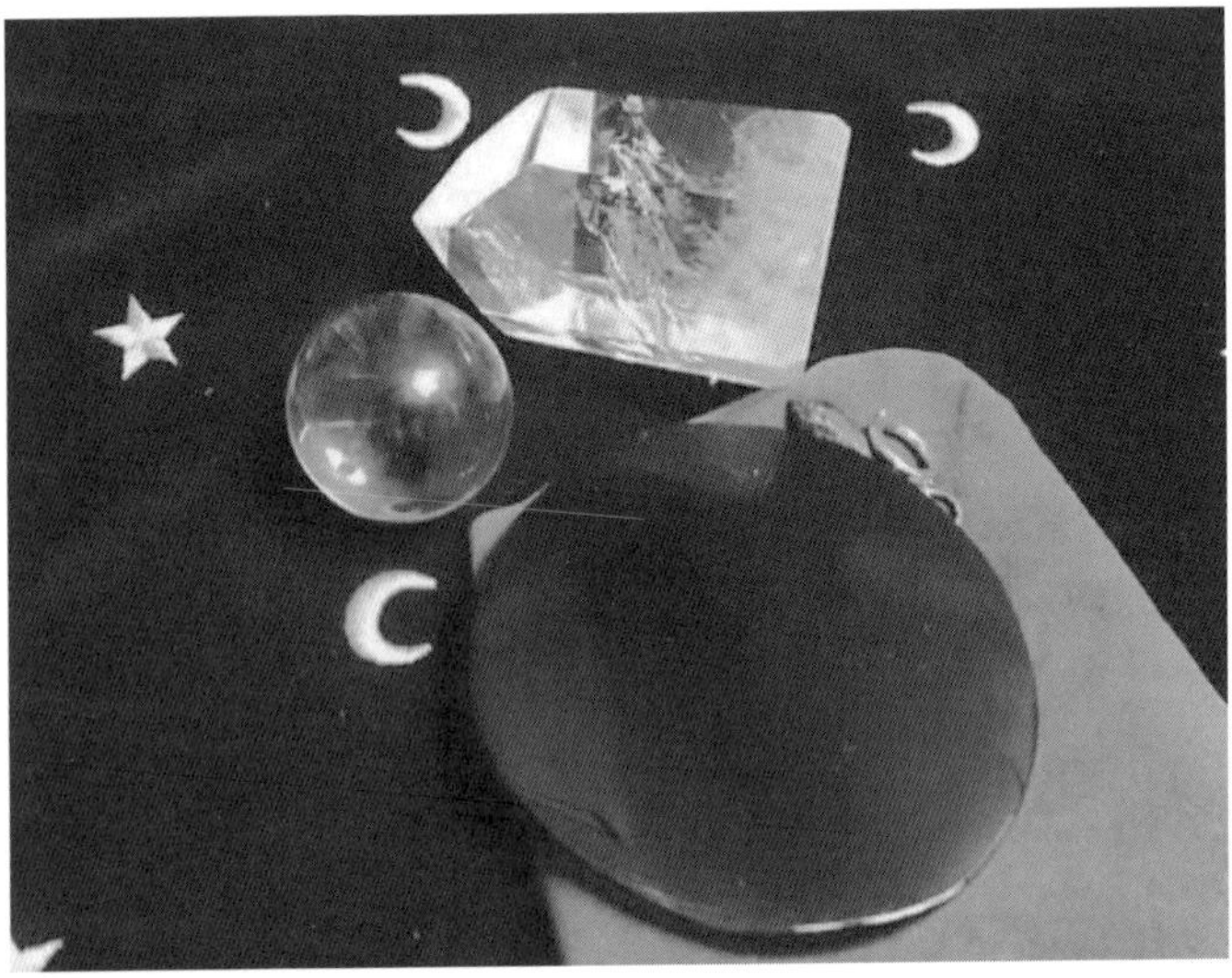

第一章　水晶透視とは？

◎スクライングとは

水晶透視は、英語では、クリスタルスクライング、クリスタルゲイジング、クリスタルロマンシーなどと呼ばれています。

水晶という単語である、クリスタル（Crystal）は、もともとはギリシア語のクリスタロス（crystalos）が語源だといわれています。意味は、澄んだ水です。古代ギリシアでは水面を見てそこに浮かび上がる映像からリーディングをする水盤占い（ハイドロマンシー）も行われていました。

何かを見つめて、その映像から占う方法を「スクライング」と呼びますが、これは日本語で透視術と訳してもよいでしょう。

このスクライングは、道具も方法も色々あり、誰でもできる予知の方法だったので、世界の様々な地域で古くから行われ、ギリシア、ローマ、メソポタミアなど広い地域で、その記録が残っているようです。

また、日本では、水晶のことを「水精」と呼んでいた時代があり、聖なる石として儀式などに使用されていました。また勾玉など形にして、アクセサリーとしても身につけられていました。

◎黒鏡透視とは

黒鏡透視とは、透明な凸面ガラスの一方を黒く塗りつぶした黒ガラスの凹んだほうを見つめてそこに映る映像を見る方法です。

水晶透視は一般的に球形の水晶を使用しますが、水晶を見つめてそこに映る映像を見て、予知や予言をすること、もしくは映像を見ることそのものを目的とします。英語では、scrying と表されます。

ルーシー・キャベンディッシュは、著書『魔女と魔術師』の中で、スクライイ（scry）の言葉のルーツを探ると古代アングロ・サクソン語の descry という言葉にたどり着くとしています。その意味は、「見つける」、「明らかにする」という意味だそうです。確かにスクライングで見る映像は、何かを明らかにするために、見ているような錯覚を起こす時があります。

水晶透視や黒鏡透視を含むスクライングは、世界でも最古の占いの手法のひとつだと考えられていますが、『水晶球透視のすべて』の著者の朝倉三心さんは「１９６０年代までは、わりにすぐに簡単に出会えた水晶占い師が、70年代になるとほとんどいなくなった。はっきりと映像を見ることができる人は少なくなり、水晶球は占い師の飾りとなり、ただ置いてあるだけとなった」と書いています。

個人的には、水晶透視は2010年以降、静かなブームになっていると感じています。この先、明確な映像を見ることができる、たくさんの水晶透視家が生まれるかもしれません。

◎水晶透視は魔法のひとつ

水晶透視は魔術の一種だと考えられています。1888年にイギリスのロンドンで発足した、魔術団体のゴールデンドーン（黄金の夜明け団）でもスクライングのスキルは大変に重要だと考えられ、スクライングの練習方法が色々と考えられていたようです。見る能力が、具現化や魔術を成功させるのに非常に有益だと考えられていたからです。

魔術と聞くと、怖くて怪しくて邪悪なイメージを持つ人もいるかもしれません。しかし魔法と聞くと神秘的で幻想的な印象を持ち、心惹かれる人も多いのではないでしょうか。魔術も魔法も同じで日本語での呼び名が違うだけ。水晶を使った魔術のひとつである水晶透視を入り口として、あなたの日々の生活や人生を具現化によって、より豊かなものにしていきましょう。

◎水晶透視で見ることのできるもの、感知できるもの

水晶透視で、どんなことがわかるのか、どんな風に見えるのか。とりあえず水晶透視がどのように使えるのかをお話ししていきましょう。

①現在の自分や他人の状況を知る

相手のコンディションや感情状態など。リモートビューイングのようなことも可能です。初めは色などで答えを受け取ることもあります。

今日の私の調子はどんなですか？→水晶に青色を見る。

また、他者の感情や精神状態などをこのようにして、キャッチすることも可能です。

彼の今の心の状態は？→映像や色で見えなくても、質問をしたとたんに、胸がざわざわとした感覚がある場合など、受け取り方は沢山あります。

私は最近猫を飼い始めたので、サロンで仕事をしている時にテーブルに置いてある水晶で、自宅で留守番をしている猫の様子は？というお題で水晶透視をすることが

あります。

他者がターゲットの場合は、道徳的に問題がないかどうか、よく考えることも必要になってきますが、恋愛の相談では、相手の気持ちを知りたい、というのは非常に多く寄せられる悩みでもあり、水晶はそれに答えてくれることでしょう。

②未来の自分の状況などを知る

例：2021年1月の私のコンディションを色で表すと何色ですか？→緑色と黄色が混ざり合う映像。
このようにして、自分や他者の状態などをスクライングすることもできます。

③過去の状況などを知る

例：私が落ち込みやすい原因は何だろう？→その原因を映像やインスピレーションで受け取ります。
色で教えてください、と言ってまずは色で傾向を知ることもできます。

④死者とインスピレーションで対話をする

死者ともう一度話したいという人は思いのほか多いです。はっきりと死者の顔が映らなくても、インスピレーションで会話をすることができます。

⑤前世を知る

特定の事象と関係ありそうな前世をスクライングしてみましょう。仲の良い友人との前世での関係などをスクライングすることもできます。

同僚のAさんとは相性が悪い気がするけれども、「Aさんとの前世での関係は?」というような質問をして、映像やインスピレーションをたどることができます。

⑥他者のエネルギー体(ライトボディ)とコンタクトを取り、対話をする

他者のエネルギーボディにアクセスしてテレパシーで会話をすることも可能です。非常に興味深いのが、例えばスクライングを始めた時点で相手のエネルギーボディが疲れている、とスクライングする側が感じたとします。そのままコミュニケーションを進めているうちに、その疲れたという感触がだんだん減ってくるのです。水晶球で

映像を見ることは、たいていの場合、スクライングする本人を元気にしますが、同時に見られる側にも作用する場合もあるようです。

⑦地球以外の惑星や恒星にアクセスする

時々、質問を何も意図せずに水晶透視をしていると、地球以外のどこかの星の風景ではと思えるような映像を見ることがあります。変性意識により深く入り、高次元の意識まで高く意識を引き上げることができるとそれは珍しいことではなく、結構頻繁に起こります。これを偶発的にではなく、意図して試みます。初めのうちは、地球の周囲を回っている月や、地球に近い金星や火星を意図して試してみるとよいでしょう。

⑧未来の存在や高次の存在とインスピレーションでコンタクトが取れる

いわゆるチャネリングに近いことが水晶透視を通じて可能になります。水晶透視でまず、地球のグリッドにエネルギーレベルでアクセスし、そこからさらに遠い宇宙と繋がるイメージを持ちます。縁ある星の存在とコンタクトを取る、と決めるとよいでしょう。

どの場合も、自分の「こうあってほしい」という欲求を手放すことが大切です。中庸な心で臨むとうまくいきやすく、ストーリーを自分の脳内で作り上げないことが重要となります。

◎水晶透視は水晶を使った情報やエネルギーの送受信

水晶は、私たち人間よりもずっと長生きです。

長い時間をかけて地中で結晶化した水晶には、様々な情報が詰まっていて、それは水晶どうしの間で共有されていると考えるとよいでしょう。つまり、自分の手元にある水晶を見つめるだけで、そこにアクセスできるのです。

水晶透視には二つのメソッドがあります。ぼんやりとした印象やヴィジョンを拾う方法とテレビと変わらないようなはっきりとした映像を見る方法です。

一つ目の方法は、水晶の中のクラックなどを利用しつつ、イマジネーションを利用して「映像が見えたような気がする」を利用してインスピレーションで読んでいきます。水晶透視でくっきりとした映像を見るまでには、普通は多少の時間がかかります。ですから、最初からはっきりとした映像を見ることを目指さなくてもよく、見えた気がする、という状態を利用してリーディングをしていきます。これでもかなりのことがわかります。

二つ目は、実際に水晶球に明確な映像が映りますので、その映像からリーディングします。ここでは「見えた気がする」状態よりもずっと明確に、ダイレクトに映像を見ています。このくっきりと映っている映像も、抽象的なシンボルのような映像の場合は、見たものの解釈が必要になってきます。

初めのうちは、積極的に「見えた気がする」、という状態を利用してリーディングをするのがよいと思います。映像がはっきりと見えていなくても、きちんと変性意識に入って映像を拾っていれば、大きく外すことはそれほどありません。ただし、見えた気がする状態をやりすぎると、いつまでたってもくっきりとした映像が見えてこないということも考えられるので、そこは注意していきましょう。

見えているのか、見えていないのかをはっきりさせ、見えていないのに、「見えている」と、思い込むことはやめましょう。自分のコンディションを、常に客観的に捉える視点が大切になってきます。自分が見たいと思っているような映像を見ていないか、ということが判断の大きい基準になります。

◎どんなふうに見えるのか

水晶透視で見る映像は、白黒から鮮やかなフルカラー、静止画や動画などまでバリエーションは無限大で、見る映像にはグラデーションのように何段階も異なるフェイズがあります。まるで紅茶の出方のように、非常に濃い鮮やかなものから、薄くてぼんやりしたものまで。

水晶透視やスクライングの上級者でも、その時のコンディションによって、映像の種類やフェイズは違います。スナップ写真のような静止画の時もありますし、テレビのような動画の時もあります。

また「映像が浮かんでくる」や、映る段階の前段階のような水晶透視もあります。まだ具体的な映像は見えないけれども、空想のようなぼんやりとしたヴィジョンを受け取ったり、インスピレーションを感じたりする段階もあります。

スクライングの問いかけの答えとしては、まずはインスピレーションであることが多いと思います。初めから、映像や色をはっきりと鮮やかに見ることはかなり稀で、しばらく何も見えなくてもそれほど気にする必要はないでしょう。個人差も大きい部分です。

またはっきりと映像を見るその時が来たら、その映像が放つ力強い生命エネルギーに驚くことでしょう。ある日ある瞬間に、突然、自転車に乗ることができるようになるのと同じで、水晶透視でもその初めての瞬間を見誤ることは決してありません。

◎水晶透視の答えの受け取り方

見つめていると遺跡など過去の何かだと思われるものや、未来的なヴィジョン、そして潜在意識レベルにあるものを映像として見たり、印象やメッセージとして受信したりできます。鮮やかなフルカラー、あるいは白黒の映像、動画のような動きのあるものや写真のような静止画を見る場合から、図形や古代文字、絵やイラストのようなものを見る場合まで様々な見え方があります。

また、映像として見えなくても水晶に色などを見たり、感じたりすることにより、色の意味や状態で答えを探ることができます。

さらに、「見えるような気がする」というような意識の状態で映像の雰囲気を読み取る場合や、インスピレーションで印象や答えを受け取る場合もあります。

人によって、またその時々の状況によって見え方・答えの引き出し方は無数にあると言えます。

初めから水晶に明確な映像を見るのは難しいかもしれません。水晶球の中や、周囲に何も見えなくても、言葉でメッセージを受け取ることもあるでしょう。または突然、何かのヴィジョンが頭にひらめいた、ふと、心にある人の名前が浮かんだ、などというような受け取り方もあります。

◎くっきりとした映像は大まかに分けて2パターン

知りたいことを特に明確にすることなく、問いかけをしないで水晶透視をする時には、大まかに分けて、二つのパターンのどちらかの映像を見ることになります（くっきりとした映像ではない見えた気がする状態で受け取るヴィジョンや映像は、もう少し幅があります）。

①具体的で、日常に近い風景などで特に意味のなさそうな映像

リモートヴューイングのようでもあるのですが、今まさにその瞬間に、地球上のどこかで展開されていると思われるような光景がはっきりと水晶球に映し出されます。

例えば、アメリカの住宅にあるような広めのキッチンで、冷蔵庫を開けたり、洗濯機を回したりしている女性たちの姿。このスクライング映像に、とりわけ大きな意味があると感じる人はいないでしょう。しかし、何か特別な意味を感じることはなくても、生命エネルギーだけは非常に生々しくリアルなので、映像を見た後は元気になるのです。初めはとても驚きます。

②古代文字など抽象的なシンボリックで意味がありそうな映像

古代文字のような今まで見たこともない、深遠な気配が満載の文字や、図形を見ることが多いです。

非常に深遠な雰囲気で、メッセージ性が強いものも多いのですが、すぐにはその意味を理解することができないことも多いです。中には、絵に描くのも難しく、解釈がなかなかできないような映像もあります。しかし、意味不明な映像でも、やはりその生命エネルギーは生き生きとしていて、自分自身に高次のエネルギーが降り注いでくるような素晴らしい体感があります。

◎何も期待せずにいる時、大きなものを受け取る

特に知りたいことを明確にしないで水晶を見る時の映像は、非常に深遠であり、しばしば自分の枠を超えて大きな力とともに入ってくることが多いです。何も期待せずにいたら、大きなものを受け取った、というようなことです。

特定の質問をして、その答えを得る水晶透視は、私も大好きですし、使い勝手も良いのですが、問いかけをする時点で、私たちは自分の箱の中から回答を探してくるということになりやすいのです。

多くの人は、特定の質問への回答を得る、という欲求を手放せず、スクライングをするからには答えを得たい。費用対効果のような感じで、時間を費やすからには何かを受け取りたいと感じてしまいます。そして、身近な限られたところで必死に探すことになってしまいます。

ですから定期的に何も質問をせずに、水晶を見るという練習をしたほうがよいです。それが魂の飛翔とも言える、水晶透視にははっきりとした映像を見ることに繋がっていきます。

◎色で受け取る

水晶透視の練習をし始めてから間もない時期には、色で受け取る方法をおすすめします。この方法は第4章で具体的に説明します。「○○は何色ですか？」こう聞き続けているだけでも格段に回答が得やすくなります。

◎はっきりとした映像が見られるようになるまでのステップ

水晶透視やスクライングでくっきりとした映像を見るまでには、個人差もありますがいくつかのステップとも言える過程があります。必ずこのステップをたどる、というわけではないのですが、順番としてくっきりとした映像を見た後に、白い煙や砂嵐のような細かい粒のようなものを見る、ということはあまりないように思います。

リモートヴューイングのジョー・マクモニーグルさんは著書で、リモートヴューイングは武道に似ていると言っていて、そのステップを帯の色で説明しています。白帯から黒帯まで、映像を見るステップに伴う精神状態なども説明されていて、わかりやすいので興味がある人は一読をおすすめします。

水晶透視のステップは次のような段階をたどります。

①インスピレーションや印象を受け取る

②水晶の周囲や表面に、白い煙や砂嵐のような細かい粒や、キラキラとした星などを実際に見る

③方眼紙のような網の目状の地球グリッド（静止画、動画とも）を見る

④同心円（静止画）を見る

⑤薄ぼんやりとした映像や色を見る

⑥はっきりとした、生き生きとした鮮やかな色（静止画、動画とも）を見る

⑦壁や空間にホログラム（静止画、動画とも）を見る

⑧濃い映像（静止画、動画とも）を見る

⑨額のスクリーンに映像を見る

それでは、この各ステップをそれぞれ説明していきましょう。

①インスピレーションや印象を受け取る

この段階は、映像らしきものは見えないけれども、ある特定の問いかけ、例えば

「明日、恋人から連絡がありますか?」などの質問の答えが、「イエス」か「ノー」か、などのインスピレーションや「明るい感じ」、「暗い感じ」、「楽しい」、「悲しい」などの印象で受け取る状態です。また頭の中で想像するイメージやストーリーも含まれます。想像も水晶の助けがあったほうが展開しやすいのです。

②水晶の周囲や表面に、白い煙や砂嵐のような細かい粒や、キラキラとした星などを実際に見る

この段階は、水晶透視の初心者の人でも、比較的早い段階で見ることのできる映像です。水晶の周囲に、煙のようなものが立ち上っているように見える、水晶にキラキラとした細かい光が見えるなど、人によって見え方や表現方法も様々です。この段階では、煙や光の色や雰囲気で判断すると問いかけの答えが得られます。

③方眼紙のような網の目状の地球グリッド（静止画、動画とも）を見る

主に水晶球の表面や、黒鏡の表面に現れます。通常はその水晶球などのツールの全面に映ります。時々、ツールである水晶球や黒鏡の範囲を超えて、床やテーブル、空

方眼紙のような網の目状の地球グリッド（静止画、動画とも）

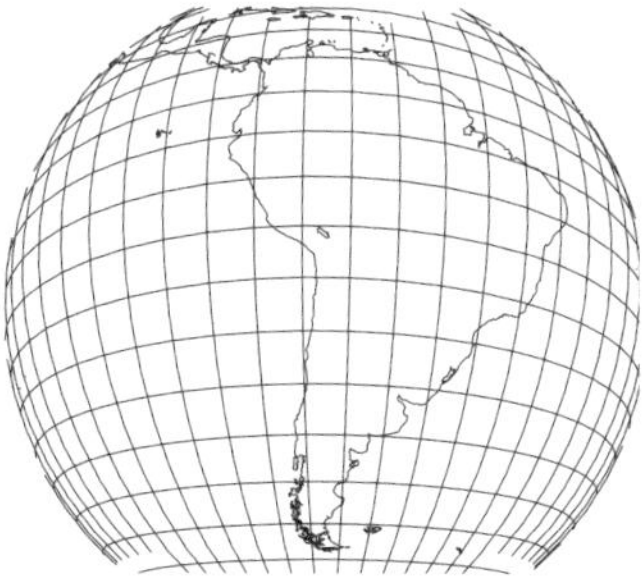

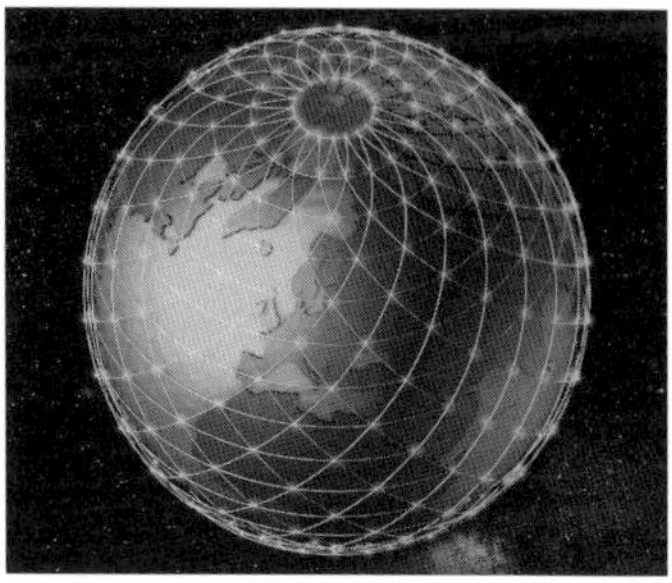

間などにもこの細い線のグリッドを見ることがあります。

初めは驚きますが、これは地球のエネルギーラインである、グリッドに接続しましたよ、というサインであり、この後に具体的でくっきりとした映像が現れることが多いです。時々、延々とこの細いラインが映し出されたまま映像が止まり、このグリッドの映像から先にいかないケースもあります。

このグリッドは、通常は静止画のことが多いですが、時々、海を泳いでいる魚の群れが一斉に同じタイミングで泳ぐ方向を変えるかのごとく、グリッドの線の向きが一斉に、一瞬で変わることがあります。線の色は様々です。

④同心円（静止画）を見る

方眼紙のようなグリッド線と同じように、レコード盤のような細かい、目の詰まったたくさんの円を見ます。

同心円（静止画）

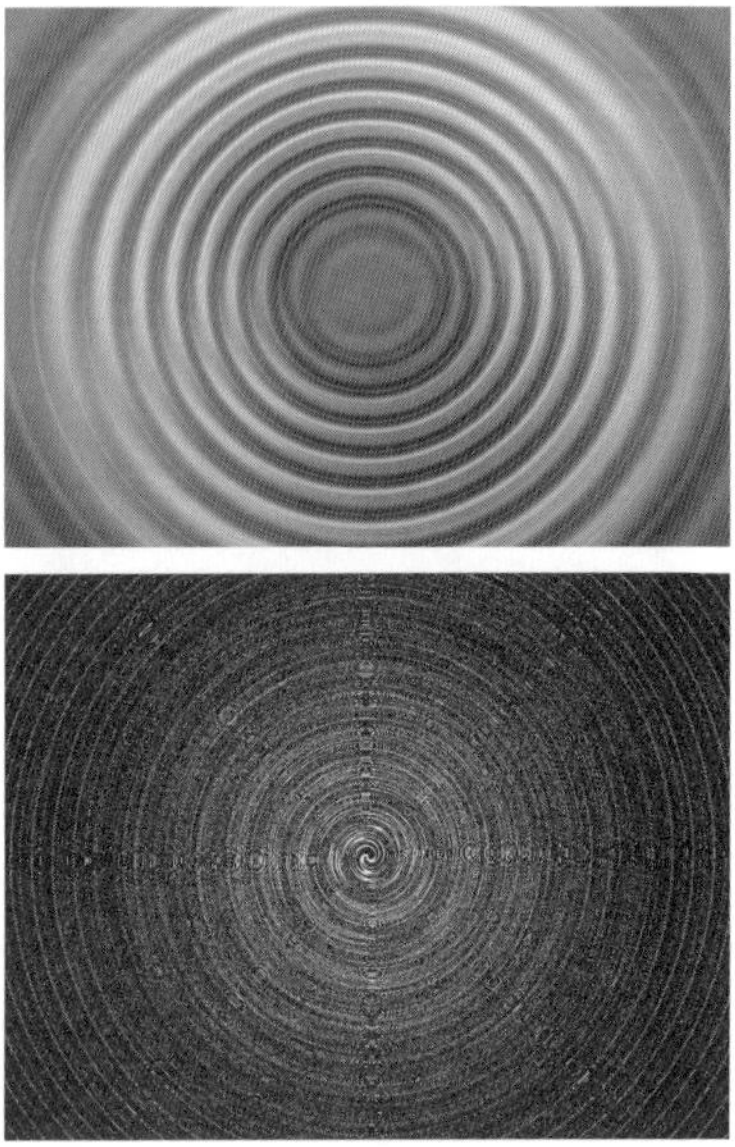

これはアカシックレコードです。

アカシックレコードとは、原初からのすべての出来事や想念がアストラルの領域に記録されているというアストラル界においてのディスクのようなものだと考えてもよいでしょう。「宇宙誕生以来のすべての存在について、あらゆる情報がたくわえられているという記録層を意味することが多い」とウィキペディアでは説明されています。基本的に静止画で、この同心円の映像が動くことはありません。細い線の色は様々ですが、薄い灰色など本当に目立たない色のことが多いです。

⑤薄ぼんやりとした映像や色を見る

いわゆる「見えたような気がする」映像です。薄い色で、すべてがぼんやりとしていますが、見えている、というような実感がある状態です。どこまでがスクライングの映像で、どこまでが自分の想像上の映像なのかがわかりにくいのですが、頭の中だけで展開しているのではなさそう、といえる状態です。

⑥はっきりとした、生き生きとした鮮やかな色（静止画、動画とも）を見る

この段階までくると、あなたはきっとかなり驚くことでしょう。少し怖いと感じるかもしれません。私は初めて水晶球に色を見た時は、想定を超える鮮やかさに、非常に驚き、また感動しました。このようなことが起こり得るのか、という今までの人生の常識を覆されるものでした。

⑦壁や空間にホログラム（静止画、動画とも）を見る

眠っていて、ふと目覚めると、空間や天井付近にホログラムを見始めるようになります。それはバラの紋章のように静止画の時も、人間が動いているような雰囲気のホログラムの時もあります。時々、アニメのようなイラスト調の静止画も空間に見たりするので不思議な気がします。特にアニメが好きでもない私からするとなぜ？とい

う気持ちです。

また話は少しそれますが、私の若いころの愛読書の一つが、『あるヨギの自叙伝』というインドのヨギの話の本でした。ヨガナンダはインドの修行僧で、自分のグルのユクテスワが死んでしまった後、ホテルのベッドに座っている自分をユクテスワが訪問してきて、話をし、臭いも感じたと書いています。自分がスクライングをするようになってから、これは非常に濃いホログラムではないかと思い始めました。

密度の濃い、色の鮮やかな人間のホログラムを、私は何回か見たことがあるのですが、かなりリアルで怖いくらいです。私は会話まではできなくて、私が気づくと、そのホログラムの人物は、サーっと天井に垂直に上がっていきます。慌てて逃げているようで今思うと楽しい感じもします。

上に上がっていくにつれて、フェイドアウトするように少しずつ色が薄くなって消えていくので、動画の映像によく付いている、横に流れては消えていくテロップのようでもありました。このホログラムの場合は、下から上でしたが。このようなホログラムに出てこられる人間は、本人のエネルギー体がかなり強くないと、無理なのではないかと思います。

またこの段階では、「そろそろくっきり映像が見られそうだ」というかなりはっきりとした予感を感じます。ワクワクに満ちた日々と言えるでしょう。毎日の練習がとても楽しい時期です。

さらにこの頃に霊聴のような、どこかで非常に美しい音楽が鳴っている、というようなことも体験するかもしれません。私は、チェンバロの壮大な美しい音楽を聴いたり、ベルのようなさりげなくも美しい音色を聴いたりしました。音がする方向を特定しようとしたら、クローゼットの中から聴こえてきたこともありました。私にとっては、ホログラムは日常でよくあることですが、霊聴ははっきりとした映像がそろそろ見られそうだという感触が強かった時期が特に頻繁に起こり、少しずつなくなっていきました。

⑧濃い映像（静止画、動画とも）を見る

ある瞬間を境に、濃くて明確で、くっきりとしたテレビと変わらない映像を見ることになります。白黒の場合も、フルカラーの場合もあります。また静止画の時も動画の時もあり、どのような映像を見るかはその時によって違い、選ぶことはできないよ

うです。

初めてのくっきり映像の体験は、まるでイニシエーションのようです。自分がそれまで生きていたひとつの知覚の世界が終わり、新しい世界が始まります。

⑨額のスクリーンに映像を見る

はっきり、くっきりとした濃い映像を見始めるのと同時期くらいから、額のスクリーンに映像を見始めるようになりました。そういう時は、目を閉じていると額の内側あたりに、横長の長方形のようなスクリーンのようなものがあるように感じます。そこに鮮やかなカラーの動画が映し出されます。試しに目を開いてみましたが、その映像は続いていました。だいたい朝起きてすぐの時が多く、姿勢は横になったままで見ることが多いです。

ドランヴァロ・メルキゼデクの『ハートの聖なる空間へ』という本に額のスクリーンで様々なものを見ることができる、盲目のおばあさんの話が出てきます。かなりのサイキックでNASAにも協力している方らしいです。興味深い話なので一読するとよいかもしれません。

◎私は、本当に映像が見えているの？

水晶透視でヴィジョンやインスピレーションを受け取ると本当に見えているのか気になります。最初の頃は、紅茶が薄く出ているのか、濃く出ているのかというようにこの映像が薄いのか濃いのかが自分で判断がつきにくいかもしれません。しかし、前出の自転車に乗れる話と同じで、濃く出た時に、「これは濃く出ていますか」「私は映像を今、見ているのでしょうか」と疑うことはほぼないです。

『水晶球透視のすべて』を書いた朝倉三心さんは、本の中で、『先生について指導を受けている方で、「見えない」場合は、その先生に「見えない」とはっきり言ってください。個人で研究している方は、今は見えなくとも、練習を繰り返すことによって、見えるようになることを確信してください。「見えない」のに「見える」と言うことが一番いけないことです』と書いています。

いけないこととは思いませんが、はっきり見えていないのに見えていると思い込むことで、そこで歩みが止まってしまい、そこからの発展がないように思います。それではせっかく水晶透視をしているのにちょっと残念な気がします。

朝倉三心さんによると、10年練習をして、やっと見えた人もいるそうです。10年は長すぎだと感じるかもしれませんが、たとえ10年かかっても、成し遂げる価値のあるスキルだと思いますし、やり方次第でこの期間は大幅にショートカットできるのです。私の場合は一年半弱でした。根気強く、練習を続けていきましょう。たとえ10分でも毎日練習をすると、効果が表れてくるものです。

◎「見えたような気がする」にも3つの段階がある

40ページで、水晶透視のステップについて説明しましたが、水晶透視で「映像を見たような気がする」という段階にも、大きく分けると3つの段階があります。

①自分の望むような映像を見やすい、脳で作り出している映像を見る段階

これはいかにもあり得るな、というような映像を見やすいです。

②もう少し進んで、直感のようなインスピレーションの段階

前の状態よりも純度が高く、自分の望みや欲求に左右される部分がそぎ落とされた状態です。

③さらに進んで、ずっと深い瞑想状態まで進むと、エネルギー体が活性化してかなり信ぴょう性のある情報や映像になった段階

これがもっと進んだ段階が、実際に明確なテレビを見ているのと変わらない映像になります。ですから、厳密にいうと、水晶透視の練習の仕方やプロセスもどの段階を目指すかで少しずつ違ってきます。初めは見えた気がするというインスピレーションを積極的に取り入れつつ、今はその状態であることを自覚しながら練習を積み、最終的にはテレビや写真と変わらないようなくっきりとした映像が見えることを目標にするのがよいでしょう。

◎水晶透視の映像の特色

○映像のアングルが通常とは違う

くっきりとした水晶透視の映像は、突飛なアングルの映像が多いです。小さい20ミリほどの水晶のほんの端っこに小さくくっきりとした明確な動画の映像が映ったりするのが水晶透視ですが、その小さい映像に、バーカウンターに座っている人の足だけ

をぐっとズームにして映像が映ったりします。古代遺跡と思われるような建造物を見ている時は、そのブロックの一つだけをずっとズームで映し出され続けたりもします。また、まるでグラビア映像のように遺跡の壁をひたすらなぞっているだけのような映像も。水晶透視で明確に見る映像のアングルは非常に癖があり、通常の意識ではなかなか思いつかない角度や視点が多いのです。

例えば、水晶透視でエジプトのギザのピラミッドを見たとします。映像の濃度が薄い映像の時は、ピラミッド全体を美しい雰囲気で見ることが多いです。これがくっきりとした映像になると、ピラミッドのそばに佇んでいる一頭の馬の目だけをアップにして長々と映し出したり、ピラミッドの入口や通路のみを延々とズームで映し出したり、というような映像がありうるのです。

この通常の意識では、なかなか思いつかない、ちょっとヘンテコなアングル。これが日常生活の出来事の受け止め方や捉え方、物の見方を広げていきます。それまでよりも幅広く、柔軟になっていくことに繋がっていきます。これに対して、薄めの映像、見えたような気がする映像のアングルは、普通に私たちが物を見るような全景だったり、通常のカメラワークのようなアングルだったりのことが多いです。

○文字など、通常の世界では止まっている物が動いている

文字や色など、通常の物質的な世界では静止していると思われているものが動いていることが多いです。まるでダンスをしているように積極的に動き、何かを伝えたがっているように見えるのです。色や文字が振動していてエネルギーであることを実感します。

このような映像を見たときは、アストラル界の生命力のようなものを受け取ったようになり、非常に元気になります。これは水晶透視をするメリットの一つでもあります。たとえ、その文字の意味することがわからなくても、解釈が難しくても、見ているだけで、高次領域からやってくるエネルギーを浴びることができます。

○自分自身の姿を見ることは稀

空想やヴィジュアライゼーションでは、自分が何かしている姿を見るのはよくありますが、水晶透視の映像で、自分自身、特に全身を見ることはほとんどありません。

水晶透視でくっきり映像を見ている時は、あまりこの世的な美しさは関係ないようです。エネルギー的には生き生きとしていますが、映像にはあまり調和的な美しさが

ないことも多いです。

○スクライング映像で見る景色にも影がある

よく睡眠時に見る夢の世界には、影がないといわれます。水晶透視で見る映像の世界も、夢の世界と似ているので影がないことになりますが、私ははっきりと影まで見た体験が何度かあります。

特に印象的だった映像は、クロネコヤマトのユニフォームを着た配達員の人が四角い箱の荷物を肩に乗せて歩いているという映像です。何か異質な空気感でびっくりしました。なぜ驚いたのかというと、ヤマトの配達員さんよりもその影のほうの存在感がはるかに強くて、生きているような雰囲気があったからです。

リアルとバーチャルが逆転し、そしてその影は、変な言い方ですがとても魅力的で、惹きつけられました。不思議でした。普通は全身を映し出すような映像は、うっすらと映るような透視映像の時に多いのです。はっきりとした映像はなぜかアップが多くて、影を見る頻度自体は、それほど多くはありません。

◎トレーニング次第で、誰でもスクライヤーになれる

水晶透視やスクライングに限らず、占いや占星術の講座の話になると必ずと言っていいほど「占いの能力は、生まれつきのものではないのですか？」という主旨のことを聞かれます。私は、生まれつきの能力と勉強や訓練の両方が必要であるというようなことをいつもお話しするのですが、するとたいていの場合は、訓練で見えるようになるものなのですか？　と非常に驚かれます。

確かにもともと高い直観力が備わっていたり、アストラル界などの見えない世界や周波数にアジャストできたりという、生まれつきの素養の部分はあるでしょう。水晶透視やスクライングもその側面は大きくはあるのですが、同時にトレーニングでかなり上達することが可能なのです。スポーツや楽器の技術の習得に似ているといえば、わかりやすいでしょうか？

水晶透視はスポーツや楽器と同じで、始めたその日にプロ並みにできるようになるということとは、不可能とは言いませんがごく稀です。テニスが上手になりたかったら、テニスコートでボールを打つ練習をするのはもちろんですが、そのほか柔軟体操や筋トレなど様々なことをします。プロコーチやプロ選手が書いた本を読むかもしれませ

んし、直接話を聞くかもしれません。メンタル部分を鍛えるために、コーチングを受けることもあるでしょう。

水晶透視の練習も同じで、水晶球を見つめる以外にもやったほうがよい、様々な事柄があります。そして時には、スランプとも呼べるような、練習を繰り返してもはっきりとした映像が見えにくい時期もあるでしょう。このあたりもスポーツや楽器の練習に似ています。実際に、何かのスポーツの体験や楽器の習得の経験がある人は、上達が早いようにも感じます。きっと、練習の過程を、頭のどこかで置き換えて、今、すべきことをピンポイントで理解できる術を身につけているのかもしれません。

スポーツなどと異なるのは、水晶透視の習得の過程は目で見て確認することができないことがほとんどなところです。映像が見えている瞬間に、「私は今、見えているでしょうか？」ということを他者に確認することが難しいので、不安になるかもしれません。そんな時に、スポーツを一生懸命やった時のこと、楽器を習得するために頑張った時のことを思い出して、その過程を、水晶透視の練習の歩みに、照らし合わせてみると自分の状況がよりわかりやすくなります。

また、テニスをしたことのない他のスポーツのプロ選手が初めてにもかかわらず非常に上手だったりすることがあるように、長年瞑想をしている人、またはライトボディやエネルギー体をよく理解している人が、初めての水晶透視で上手にヴィジョンを見たりインスピレーションを拾うということはあります。

もともとの素養と、トレーニングとのミックスが、水晶透視をする人、スクライヤーを作り出します。

◎スクライングで著名な人たち

スクライングは紀元前の頃からあった予知や予言の方法です。しかし盛んに行われ、記録も残っているのは中世の頃からです。これまでに活動をした人たちをご紹介します。

○ジョン・ディー

ジョン・ディー博士は、エリザベス一世のお抱えのアドバイザーでもあった、占星術師であり、透視家です。１５２７年にロンドン郊外のモートレイクで生まれました。若い頃は一日に18時間もの猛勉強をして、数学をはじめ、様々な学問を身につけました。そんな努力が実を結び、貴族出身の魔術師で神学者でもあり、医師でもあったアグリッパの研究員になるのです。

ジョン・ディーはエリザベス一世の姉のメアリー一世からは嫌われていましたが、エリザベスはオカルト好きで、ジョン・ディーに占星術のホロスコープの作成などを依頼していました。そんな中、ジョン・ディーの予言通り、エリザベスは1558年にイングランドの女王となります。そのことがきっかけで、ジョン・ディーは公式にエリザベス一世のアドバイザーとなりました。その時、クリスタルスクライングでエリザベス女王の未来を予見する魔術も行っていたようです。

その後、ジョン・ディーは、エドワード・ケリーという若い助手と出会い、更なる研究を続けていきます。ジョン・ディーはスクライングで映像を見ることがそれほど得意ではなかったといわれていて、見るという行為はケリーに任せ、自分はその解読の担当に回ったのです。

またエノク語といわれる言葉で、スクライングをしながら大天使ウリエルと話をするというような研究に力を入れました。ジョン・ディー博士とエドワード・ケリーが使用した魔術道具である、スモーキー・クォーツや、黒曜石の鏡は現在も大英博物館に展示されています。

○ノストラダムス

ノストラダムスは1503年にフランスのプロヴァンスで、経済的に豊かなユダヤ人の家庭に生まれました。子供のころから、ヴィジョンなどを見ることができたようです。オカルトやカバラ、占星術を学び、医者でもありました。

占星術師でもあったノストラダムスは、30代半ば過ぎくらいの頃に、仕事を捨ててヨーロッパを旅しながらオカルトを追求し、ヴィジョン視の能力を高めます。1550年以降、ノストラダムスは自身のヴィジョン視の記録を取り始めます。毎晩遅くに、一人で、スクライングでヴィジョンを召喚しました。真鍮の三脚に置かれた水を張ったボウルでスクライングをしていたそうです。

○ウィリアム・W・アトキンソン

アトキンソンは1862年に生まれたアメリカ人です。弁護士でありながら、ビジネスにも長けていた人物で、多くの本の出版も手がけました。30年間でおよそ100

冊の本を書いたといわれています。

ニューソートという分野を切り開き、古代エジプトの教えをもとに様々な本を書きました。最近では、『ザ・シークレット』の引き寄せの法則のもとになったともいわれています。

アトキンソンは、1905年に『Practical Psychomancy and Crystal gazing』（実践的占術と水晶透視）という本を出版しています。水晶透視そのものに関しての記述はそれほど多くはないのですが、スクライイング全般に関して、またアストラル界の仕組みについて説明している本です。

アトキンソン本人が、水晶透視やスクライイングに熱心だったのかどうかが今ひとつわかりにくい内容ではありますが、ブームとなった引き寄せの法則の元祖のような人物が、100年以上前に水晶透視の本を書いているのが興味深いので紹介しておきます。

第二章　水晶透視を始める前にやっておくこと

自分にピッタリの水晶球を見つけよう

◎水晶は、地球を代表する石

日本での水晶の歴史は古く、縄文時代のものとされる水晶製の石器が残っています。また装飾品として、勾玉型の水晶なども多く身につけられていたようです。現在では、日本産の水晶球を見かけることはありませんが、以前、山梨産のビーズのブレスレットを見つけ、購入して身につけてみたところ、とても精妙で優しい、美しい波動で感動したことを覚えています。

東北出身の知人から、子供の頃、ちょっと山を掘ると水晶が出てきたことがあったと、聞いたことがあります。水晶は、瑪瑙《めのう》などと並び、日本でも幅広く馴染み深い石だったのでしょう。

水晶は世界中で広く神聖な石とされていました。昔から溶けない氷だと信じられるとともに「水精」とも考えられていて、その用途は広く、マレーシアのセマング族では、呪術医は精霊の力を得て、水晶の中に病気の原因と治療法を霊視する、と信じられていたそうです。

またアメリカでは、約８０００年前のネイティブアメリカンの遺跡や墓から水晶が発見されているそうです。シャーマンが水晶をのぞいて、病気の治療に役立てたり、未来を予測していたりしていたのです（『幸運を呼ぶパワーストーン　水晶の神秘』マドモアゼル田中）。

水晶は地球を代表する石だとよくいわれますが、その水晶の主成分はケイ素です。ケイ素は地球の地殻を形成する主要な要素でもあるそうです。

さらに、水晶透視をする際にキーポイントとなるのは、額の奥にあり、第三の目ともいえる松果体ですが、この松果体もほとんどがケイ素でできているそうです。

◎なぜ、スクライングに水晶が使われるか

水晶透視やスクライング（透視術）は、様々な道具でできます。透明なクォーツクリスタル以外の石でもできますし、水が入ったペットボトルなどでも可能だと言う人もいます。それなのになぜ、透明な水晶球が長期にわたってスクライングのメインの

道具とみなされているのでしょうか。

その理由は水晶が地中で何万年もかけて生成されることから、地球グリッドと呼ばれる地球の周りにある網の目状のエネルギーラインにアクセスしやすいと考えられているからです。なぜアクセスできることが重要なのかというと、アクセスすることによって、そのエネルギーラインから私たち人間に地球の大きなエネルギーが流れ込んでくる回路を作ることができるからです。

この網の目のようなエネルギーラインは、水晶透視の練習が進むにしたがって、実際に映像として見ることができるようになりますが、この網の目状のラインを目で見ることができなくても、エネルギーを受け取ることは可能です。水晶を持つだけでも、またはほんの少し見つめるだけでも、このエネルギーラインに沿って、運ばれてくる力や情報を受け取ることができるのです。

◎まずは天然の水晶を手に入れよう

水晶をただの石とみなさずに、生き物や存在とみなすとわかりやすいかもしれません。水晶は私たち人間よりも寿命が長く、情報量が豊富で、大いなるエネルギーを蓄えています。水晶透視では、水晶を眺めることによって、私たちよりはるかに大きい記憶の貯蔵庫でもある地球にアクセスします。水晶は、その時に必要な映像だったり、情報だったりに、地球のエネルギーラインを通じて接続してくれる働きをしてくれます。その中から私たちは、その時に最適なものを受け取ります。

映像が見えない、何のインスピレーションも湧いて来ない場合でさえ、エネルギーを受け取っています。エネルギーは情報です。頭や顕在意識では、はっきりと知覚できない微細なものも、潜在意識やエネルギー体は、しっかりと受け止めているのです。ペットボトルなどの他のツールでも映像を見たり、情報を受け取ったりすることはできますが、地球のエネルギーラインに接続という面では、水晶は非常に優れています。ですから、水晶透視をこれから始めようという人は、まずは天然の水晶を購入することをおすすめします。

人工水晶は大きくて、見栄えが良く、インテリアとしても良い感じで、映えるかもしれませんが、この大いなる地球と接続するという面では、不向きです。

水晶透視を始めると、水晶の周囲も含めて見る、ということを練習するようになりますが、この時に、人工水晶と天然水晶のオーラの違いがわかるようになるでしょう。

ちなみに、映像を見るうえで、水晶玉の大きさはそれほど関係ないと個人的には思います。

◎どのような形がよいのか？

水晶には、丸玉のほか、クラスターやポイントなど様々な形状の水晶があります。ピラミッドの形にカットされたものや、宝珠の形をしたものなども売られていて、色々です。

水晶透視では、どんな形状の水晶でも何かしらの反応を絶対に感知することができるようになります。例えばクラスターは、小さなポイントがたくさん集まって一つの塊になっているような形状の水晶のことを指しますが、そのクラスターでもその周囲に鮮やかなはっきりとした色やヴィジョンを映し出すことがあるのです。

また、ひびや靄などが入ったポイントのほうが使いやすい、映像を見やすいという人もいます。色々な形の水晶を試したくなると思いますが、初めの一個は、球形の水晶球でやってみるのがよいでしょう。

◎水晶透視に手頃な大きさは？

初めて水晶球を購入する人にとって、大きさはとても気になるはずです。水晶透視用の水晶の大きさについては、意見が分かれるところなので、何が正しいのか迷ってしまうかもしれません。

私は直径20ミリ以上ある水晶球であれば、はっきりとした映像が見られるといつも説明しています。実際に私のお気に入りの水晶玉の一つが20ミリほどの大きさで、その水晶玉はとてもよく映像を映し出してくれます。

一度水晶透視ができるようになってしまえば、水晶の大きさや美しさと、映し出される映像の質とはあまり関係がないことがわかるでしょう。まずは直径が20～25ミリ以上の水晶球を用意しましょう。20ミリというとかなり小さいと感じられるかもしれませんが、映像を見るには、まずはこれで十分です。もちろん大きいものが好みの人は、大きいものを買っていただいてもよいです。

映像は、いつも水晶玉の全面に現れるわけではありません。非常に小さい水晶玉の、ほんの隅っこに数ミリの、でも驚くほどに鮮明でくっきりとした映像が映ることもあります。予算と好みに合わせて好きな水晶を購入しましょう。

◎水晶は人を選ぶ？

20ミリの水晶球は、取り扱っている商品がほとんどアクセサリーというファッション色の強いお店で購入しました。水晶透視用の水晶を購入する店は、どちらかというと鉱物系の色が濃い店のほうがよいと思うのですが、この時はその店を通りかかった瞬間的に、ショーケースに並べられていたこの小さな水晶球に惹きつけられました。

お店の人にお聞きしたところ「レモン水晶」とのことで、少し黄色みがかっています。手に取ってみると、今にもしゃべり始めそう、と直感的に感じました。普段は気にも留めないお店で、その時はまるで水晶に呼び止められたような気がしましたし、実際に水晶のほうが人を選ぶといわれています。それから6年くらい経っていますが、その間ずっと安定して、おしゃべりなコンディションを保っていますし、映像も鮮やかに映し出すので、使い勝手が良く、この水晶は今でも私のお気に入りの水晶球のひとつです。

水晶透視をするにあたって、私たちが練習を続けてその技を向上させることも大切ですが、安定したコンディションを保つことのできる水晶を見つけるのも重要なことのひとつです。時々、サロンのテーブルにその小さな水晶玉を飾りますが、敏感なヒーラーの友人などは、その隣の巨大な水晶玉よりも、この小さな水晶を見て、「うわ。キーンとする」などと言い、その特殊さを一瞬で感じ取ります。

◎水晶はモノではなく、存在

水晶は、生き物や存在だと思ってもよく、たとえ産地が同じでも、手に取ってみると一つ一つ印象が違います。また毎日使っていくと、その日によって水晶のコンディションが違うことにも気がつきます。

まるで人間のようです。

私たち人間も、日によって体調が良かったり、気分が今ひとつだったりするように、水晶もそれと同じで、購入時には活発だった水晶が、いきなり黙り込んだように静かになった、映像も、印象も受け取れなくなったということもありますし、購入時には頑固で黙りこくっていたような雰囲気の水晶で、部屋のインテリアと化していたような水晶が、ある時から突然、眠りから覚めたように元気になり、活発に、おしゃべりになったこともあります。

◎水晶の保管方法は？

手頃な大きさの水晶は、まず布に包んでそれから袋や箱に入れておきましょう。水晶は部屋のエネルギーや部屋に置いてあるもののエネルギー、人の想念エネルギーを吸い込みますので水晶透視に使用する水晶は、なるべく様々なエネルギーから守るように保管するほうがよいのです。

また直径10センチを超えてくると、箱に入れるよりも部屋に置く人が多くなってくるようです。その場合は、置き台を用意して、水晶球に傷がつかないように置いてください。座布団と呼ばれる黒い敷き台も使いやすく、個人的にはこちらのほうが好みです。

◎水晶はどこで購入できるか

最近ではパワーストーンのお店もだいぶ増えて、石の購入場所には困らなくなりました。しかしパワーストーン屋さんでも水晶玉を扱っていないことがあるようです。特に無垢玉と呼ばれる、無色透明の天然の水晶玉を数多く扱っているお店はそう多くありません。

購入するお店を選ぶポイントとしては、アクセサリーとしてのパワーストーンよりも鉱物としての石を多く売っているお店を選ぶことなどがポイントです。また、水晶玉をなるべくたくさん扱っているお店で、店員さんが石好きなのはもちろんのこと、産地も含めて石に詳しいお店がよいでしょう。きちんとしたお店なら店員さんも産地を把握していることが多いので、積極的に聞いてみるとよいでしょう。

通常、私たちが手に入れることのできる水晶玉は、ブラジル産か、ヒマラヤ産か中国産のいずれかが多いはずです。珍しいものではマダガスカル産などに出会うこともあります。産地ごとの見かけ上の特徴、また水晶透視を行う上での特徴もあるにはあるのですが、水晶は一つ一つ、見た目も性格も違います。人間と同じです。ふたつとして同じものに出会うことはありません。出会いを大切にして、自分の手で触れてみて、ピンとくるものを手に入れましょう。

◎直接見てから買おう

家の近くに水晶を扱うお店や、パワーストーンのお店がない場合はインターネットでの購入という方法もあります。確かに便利ですし、一つの水晶につき、何枚もの写真がアップされていたり、産地も明確で、大きさもミリ単位で明示されている場合がほとんどです。

一見安心なのですが、水晶との微妙な相性までは、なかなかネット上ではわからないものです。水晶は頻繁に買う物ではないので、なるべくお店に行って、手に取って、自分で感触やフィーリングを確かめてから購入することをおすすめします。

また、初めの一つ目で、完璧な水晶球を手に入れられることは非常に稀です。気楽に探してみましょう。

繰り返しますが、最初から高価な水晶である必要はありません。価格や大きさにもそれほどこだわらずに、相性の良さを第一に探してみるとよいでしょう。

◎透明タイプ以外の水晶もスクライングに使える？

「透明タイプ以外の水晶をスクライングに使えるのでしょうか？」

石好きの人たちから、このような質問をよく受けます。水晶には、色々な種類があります。紫色の水晶であるアメシスト、ローズクォーツと呼ばれる紅水晶、モリオンと呼ばれる黒い水晶等です。

色のついた水晶でも水晶透視はできますが、明確なくっきりとした映像を見るという目的のためには、透明なクォーツクリスタルが一番効率良く、映像や情報が拾えると私は思います。ですからこれから水晶透視のための水晶を購入するという人は、一つ目は迷わずに天然の、透明なタイプの水晶球を購入するとよいでしょう。

でも、石が好きな人なら、すでに持っているほかの水晶球を水晶透視にも使ってみたい、と思いますよね。水晶透視では、質問の用途別に、水晶の種類を変える必要はありませんが、すでにほかの水晶を持っている、という人も多いのでここで少しパワーストーンについて説明していきましょう。

また、水晶透視をしているうちに、色々な水晶球を試したいと感じるはずです。二つ目の水晶やスクライングツールに迷っている、という時の参考にしてください。

◎水晶の石の特徴

○煙水晶（スモーキークォーツ）

エリザベス一世お抱えの占星術師だったジョン・ディーもスクライングに煙水晶を

使用していましたし、その水晶は今でも大英博物館に展示されています。『魔法入門』、『魔法修行』などを書いた研究家のウォルター・E・バトラーも映像を見るだけなら、透明なクォーツクリスタルよりもスモーキークォーツのほうがよいと言っていたそうです。スモーキークォーツは私たちがグラウンディングするのを助ける石でもあり、スモーキークォーツを手に持ちながら、透明なクリスタルを透視するスクライヤーもいます。安全だと感じるのでしょう。個人的には透明な水晶球のほかに、一つ持っておいてもよいと思います。

○黒水晶（モリオン）

真っ黒な水晶です。ネガティブな想念を一掃する働きがありますので、自分のマインドが不安定な時、否定的な気持ちになりやすい時、サイキックアタックを受けているのではないかと思う時に使用するとよいでしょう。

○紅水晶（ローズクォーツ）

恋愛の石ともいわれていますが、恋愛に限らず、他者とのコミュニケーションを活発にしたい時などに使える石です。他者との交流や共感に関しての問いかけの時に使うとよいでしょう。また、自分の心を落ち着けたい時にも使えます。

○紫水晶（アメシスト）

高次の意識領域と接続しやすく、自分の心の浄化などに特に適しています。映像を見るかどうかにかかわらず、意識を高めるためにアメシストの水晶透視をするとよいでしょう。またハイヤーセルフからのメッセージを受け取る時にも適しています。

○ガーデン水晶

水晶の中に、緑色の苔や茶色い土に見える鉱物が内包された水晶のことを指します。それがあたかも庭のように見えることからこの名前が付いています。この特別な水晶は、グラウンディングをする力に溢れ、仕事やお金など、現実的な事柄を水晶透視したい時に使用するとよいでしょう。

○水入り水晶

水入り水晶とは、水晶が結晶化する際に入り込んだ、数千年前ともいわれる水が、水晶の中に内包されている水晶のことをいいます。太古の水が入り込んだ水晶を見つめることで、感情面での大きな癒しが期待できます。集合意識にも接続しやすいでしょう。また心の状態をスクライングするのに適しています。

◎水晶以外の石の特徴

○黒曜石

日本でも縄文時代に矢じりなどに頻繁に使われていた石です。私は黒曜石の丸い板が好きで、よく使用しますが、球形タイプも売られています。黒曜石の特徴は、何と言っても映像が出てくるスピードが早いことです。明確なくっきり映像が出てくるスピードは、ガラスを黒く塗った黒鏡が一番早く、その次に黒曜石、そして水晶の順番です。

○黒鏡

これは、パワーストーンではありませんが、ポピュラーなスクライングツールなので紹介しておきます。時計皿と呼ばれる、透明の凸面ガラスが売られているので、まずそれを購入して、自分で作ります。時計皿の直径は小さなものから大きなものまで色々とありますので、好みの大きさを選ぶとよいでしょう。透明なガラスを黒い塗料で塗るだけの作業ですが、結構匂いますし、一回塗っただけでは、ムラがあるので乾いては塗り、という作業を数回は繰り返すので半日くらいはかかります。

わりに面倒臭い作業なのですが、魔法道具は自分で作るもの、という鉄則があるのでぜひ作ってみてください。シンプルな作業のわりには面倒臭いので、一度に数枚は同時に作ると効率が良いです。ネットでは時計皿はダース売りされていたりします。ガラスなので、水晶透視をしながら寝落ちすると、すぐに欠けてきます。スクライングツールの中では、比較的壊れやすいほうなのでスペアを用意しておくのもよいでしょう。ちなみに私が、初めてくっきりとした映像を見たのは、この黒鏡です。

黒鏡が映像の出てくるスピードが一番早いのではないかと思います。

◎水晶を手に入れたらまず浄化しよう

水晶を手に入れたらまず浄化しましょう。水晶は私たち人間と同じように環境の「気」の影響を受けやすく、保管してあった場所や、周囲のエネルギーを吸い込むといわれています。

水晶は色々な過程を経て、私たちの元へとやってきます。今までに吸い込んだエネルギーをゼロにする、初期化するといった作業が浄化です。初めてあなたのもとにきた水晶の浄化は、丁寧に、念入りにして下さい。数時間から数日までその方法は色々とあります。また水晶を使い始めてからも、時々浄化をするようにしましょう。

水晶が大きいなどの理由で、箱や袋にしまわずに部屋に飾っている場合も、頻繁に浄化をするとよいでしょう。浄化作業をする時には、その水晶が抱えているネガティブな記憶が一掃されて、新しいエネルギーに満ちて活性化さると意図しながら作業をするとよいでしょう。

①川や湖、海で、数十分から数時間、水に浸す

一番理想的な方法です。水晶を持って環境の良いところにお出かけしましょう。水

晶を水に浸している間、のんびりと瞑想などを楽しんでください。水中にある水晶は思ったよりずっと目立たず、どこに置いたのか、どこに浸したのかわからなくなることがあります。必ず目印になるようなものを置くようにしてください。また川や湖の小石で、水晶に傷がつかないように注意しましょう。

水の温度差で、水晶にひびが入ることがあるそうです。私はまだ経験がありませんが、水の温度にも注意しましょう。

②塩の中に数時間から数日埋めておく

天然の塩をボウルなどに多めに用意し、そこに埋めておきます。最低でも3時間くらい、長くて数日埋めておきましょう。浄化に使用した塩は、ネガティブなエネルギーや邪気などを吸い込んでくれています。浄化の後、料理などに使うことがないようにしてください。必ず捨てましょう。

③塩水に浸ける

ボウルに濃度が高い塩水を用意してその中に浸けておきます。

④流水で洗い流す

水道の蛇口を出しっぱなしにしてその下に水晶を置き、30分〜数時間そのままにしておきます。

⑤質の良い石鹸を泡立てて水晶を優しく洗い流す

短時間でできる、手軽な方法ですが、かなり浄化の効果がある方法です。水晶を手に入れた時だけでなく、まめにこの方法で浄化をするとよいです。

⑥アメシストのクラスターに数時間置く

水晶の浄化用にアメシストのクラスターが売られています。クラスターとは、水晶の原石のことで小さな水晶ポイントなどがたくさんついていて、ギザギザしている水晶のことを言います。このクラスターの上に一晩、水晶を置いておきます。

⑦水晶のさざれ（チップ）の上に数時間置く

浄化する水晶球の大きさにもよりますが、さざれは200〜300グラムぐらい用意するとよいでしょう。直径10センチくらいの大きな水晶球でしたらもっと必要になってきます。十分な量で浄化して下さい。時々、さざれそのものを浄化することも大切になってくる方法です。

⑧クリスタルチューナーの音で浄化する

パワーストーンのお店でクリスタルを使ったチューナーが売られていますのでそれを購入して石に音を聴かせます。

⑨セージなどのスマッジの煙で浄化する

スマッジとは古くからネイティブアメリカンが、物や空間を浄化するために使用してきたもので、セージなどのハーブを乾燥させたものを束ね、それに火をつけてその煙で浄化をします。水晶球もこの方法で浄化が可能です。インターネットでも簡単に購入できます。

⑩日光浴をさせる

部屋の中でも、屋外でもお皿にさざれを入れて水晶をその上に置き、1〜2時間日光に当てます。この方法を取る時には、発火する可能性がある場所には放置しないように注意して下さい。

⑪月光浴をさせる

水晶の浄化だけではなく、パワーチャージにもなる方法です。なるべく窓越しなどではなく直接月の光が当たるようにするとよいでしょう。

◎石の浄化を怠るとどうなるか

購入した水晶や道具をすぐに使ってスクライングしたい、という気持ちになると思いますが浄化の作業はとても大切です。

私は以前、イギリスのロンドンのオカルトショップで黒曜石を購入しました。帰国したその夜、荷物の整理を終えて、さあ眠ろうとした時に、購入したての黒曜石でスクライングをしてみたいという誘惑に勝てず、新しい黒曜石を両手で持ちながら、横になってスクライングを始めてしまったのです。

するとほんの数秒で、古めかしい中世のシャーロック・ホームズのような長い帽子をかぶって、髭を生やした男の人の顔がアップで映し出されました。男性の背後には夜の古い町の風景が映っていました。映像から受け取る空気はとてもエネルギッシュでしたが、とても異質な雰囲気で、これは石自身が吸い込んでいる記憶を見ているのだ、ということがすぐにわかりました。私はそこでスクライングをストップしました。疲れていましたがすぐに起き上がり、粗塩をたっぷりと用意してその中に埋め込みました。

◎スクライングの道具の貸し借りはやめよう

水晶透視に使う水晶球や黒鏡などは、あなただけの魔法の道具です。人に使わせたり、触らせたりということは避けたほうがよいでしょう。

毎日、水晶透視の練習をしていくにつれて、使っている水晶球や道具に力が溜め込まれていきます。他人のエネルギーに触れることによってその凝縮されたエネルギーが散漫になっていきやすいのです。勿論、そういうことを避けるために浄化をするのですが、それでも取り切れないケースを私は体験しています。

同様に、誰かから水晶球を譲ってもらって、使用するのも避けたほうが無難だと思います。ただし、特殊なケースはあり、ごく稀ですが、この人が使用していた、または所有していた水晶なら譲ってもらいたいと思うことがあります。例えば、お財布は中古のものを使用するのは凶だとされていますが、成功者のお財布なら譲ってもらって使うのが吉兆だとされています。それと似ていて、水晶球などのスクライングツールでも同様のことが時々あるのです。

もし、自分以外の他者が水晶に触れた場合などには、その後すぐに浄化をしてください。長時間そのまま放置しないようにしましょう。

水晶が、エネルギーの増幅装置であることを忘れないようにしてください。水晶は開運ツールでもありますが、その使い方を誤ると全く逆効果になることもあるのです。

◎水晶球以外に用意したほうがよいもの

水晶透視をする際に、用意したほうがよいものが何点かあります。初めに用意してしまいましょう。

○水晶球の下に敷くもの

まずは、水晶球の下に敷いたり、水晶を置いたりする台です。前出の座布団と呼ばれる黒い布で作られた水晶用のクッションか、プラスチックなどでできた置き台があるとテーブルに水晶を置いてスクライングする場合は非常に便利です。

この二つを用意できない場合は、黒いハンカチのような布で代用しましょう。水晶への映り込みを減らし、映像を見やすくするために、暗い色の布を使うとよいでしょう。直接、水晶球をテーブルに置くと安定せずに、テーブルから落ちることもあるので注意してください。

また、複数の道具を使用して、スクライングの練習をする時は、大きめの布を敷いて、いくつかの道具を並べても構いません。私はこのようにして、数時間のスクライングの練習をしていました。

「今日は映像を見せてくれる?」水晶の答えを待ちます。しばらく水晶球やスクライングツールを見つめます。反応が薄いとその水晶を置いて、次の水晶なり道具を手に持ち、同じことをします。「今日は何か見せてくれる?」……こうしているうちに、何かを返してくれる水晶があることに気がつきます。反応が返ってきたら、見続けます。これを繰り返しやり続けるのです。

○音源

必ず必要というわけではありませんが、人によっては、シータ波やバイノーラルビートを聴いてスクライングをするのが好みだという人もいるでしょう。「バイノーラルビート　アプリ」などで検索すると簡単に見つけられますのでまずは試してみるのもよいですね。

ネットで調べると、バイノーラルビートは、1839年にドイツの物理学者ハインリヒ・ヴィルヘルム・ドーヴという人によって発見されたようです。左右の耳にわずかに異なる周波数の音を聞かせると、脳内で音が合成され、脳が自然にその差を調整することでシータ波を誘発し、リラックスしやすくなるといわれています。

この方法は、特に忙しい生活を送っている人におすすめです。夢を見やすくなるというようなことも起こりやすいのでヴィジョンや映像を受け取りやすくなる感じがする人が多いでしょう。逆に、比較的ゆったりした生活を送っている人は音源を聴いても聴かなくても、映像の見え方は変わらないかもしれません。

なお聴きすぎると効果は半減するように思います。適度にインターバルを入れながら、癖にならない程度に使うのがよいツールだと思います。

個人差が大きいのですが、人によっては、聴き始めてすぐに、映像が出てくるスピードが速くなる、インスピレーションを得やすくなる、ヴィジョンを見やすくなるなどの変化に気づくはずです。

水晶透視をする環境を整えよう

◎一人になれる静かな場所を用意しよう

水晶透視は、基本的には一人で静かに行います。実際にあっと驚くような映像は、一人で練習している時に見ることが圧倒的に多いです。なんとなく水晶透視をする、というクセづけをしないように気をつけてください。

また逆説的ですが、人と集まって、グループで行う水晶透視も良い練習になりますので、時々試してみるのもよいでしょう。グループでひとつのことに集中する時、その力はとても濃いものになっていきます。自分のエネルギーと他の人のエネルギーが混ぜ合わさり、一人の時とは違うタイプの映像を見るなど、違う体験ができることも多いのです。

部屋そのものは、それほど広くなくて構いません。水晶透視などスピリチュアルなワーク専用の部屋が用意できればそれがベストですが、それができない場合は色々と工夫をしてみて下さい。

また、慣れてきたら、森の中や湖のそばなど自然の中で水晶透視をするのもよいでしょう。外でのスクライングの時は、絶対に水晶球を太陽に向けて見ようとしないでください。焦点が合うと失明する危険性があります。

屋外で水晶透視をするベストな時間帯は早朝や夕方など日が出ていない時。特にマジックアワーとも呼ばれる、夕方日が暮れるか暮れないかくらいの時間帯の、自然の中での水晶透視は、自分に力が集まってくるような体感があります。

◎飛行機の中で水晶透視をしてみたら……

私は、日頃から色々な場所で水晶透視をしたいと思っていて、一度飛行中の飛行機の中で、水晶透視を試したことがあります。正確には、水晶透視をしようとして、怖くなりすぐにやめてしまったのですが。

何が起こったのかというと、高度一万フィートくらいある機内は高度がある分、エネルギーも高いようで、水晶を見始めてほんの数秒で体が振動し始めたのです。あっという間に幽体離脱をしてしまいそうで怖くなり、すぐに水晶透視をやめて、水晶球をバッグにしまいました。そしてグラウンディングをするべく、スナックを食べ、飲み物を飲み、なるべく日常の何でもない、車に乗る場面や、食事のシーンがある、フィジカルな映像が多い映画を観ることで、体の振動はおさまっていきました。

よく、飛行機に乗る人は波動が高い、といわれますが本当にそうなのかもしれません。あっという間に高いエネルギーの周波数と同調することができました。先にも書いたように、水晶はエネルギーの増幅装置の側面もありますので、あまり行かない非日常の場所での水晶透視は、十分に気をつけながら行ってください。

また、高所ということでいうと、何回かタワーマンションの高層階でエネルギーワークや水晶透視の集まりを開いたことがあります。こちらは程よい高さ(30何階くらい)だったのか、エネルギーワークやスクライングがとても上手くいきました。

◎旅先での水晶透視

慣れてくるにつれて、旅先や出先での水晶透視をするのもお勧めです。特にお勧めなのが、あまり具体的な質問をせずに、水晶を見つめる方法です。その土地そのものの記憶がダイレクトに伝わってくるような時もあり、非常に興味深い体験をすることが多いです。

私は、出かけるたびに宿泊しているホテルの部屋で水晶透視をしますが、映像には個性があり、土地柄が表われ、大地のオーラを見ているようで楽しいのです。

私が、初めて足がない幽霊が歩いているのを見たのはスコットランドなのですが、その十何年後にイギリスで水晶透視をしたら、やはりそのような、薄いけれどもはっきりとした人間の雰囲気を持った映像がすぐに浮かび上がりました。言葉ではうまく説明できないのですが、イギリスには、イギリスっぽい雰囲気の映像があるのです。

またバリ島は非常にエーテル体（エネルギー体を細かく分け時の一つの状態。感情体とも言います）が強い場所で、パワースポットと呼ばれることも多いのですが、非常に濃いエネルギー成分に満ちた場所で、映像そのものを見やすく、濃くて、ダイレクトな神聖幾何学のような模様を見ることが多いです。いかにもバリっぽい、という映像です。

これは、水晶がその土地と私たち人間を繋いでくれる、エネルギー装置の役割をしていることとも関係しています。大地の個性を水晶はそのまま、私たち人間にわかりやすく体験させてくれるのです。

◎綺麗な部屋で、潜在意識をストレスフリーに

一人になれる部屋を用意できたら、水晶透視をする前に、綺麗に掃除をして下さい。この部屋は常に清潔であるように、普段から心がけてください。家全体を清潔に、整理整頓された状態に整えられればそれが一番良いのですが、まずはこの部屋を特別な空間にしましょう。この部屋にある古いもの、ほとんど使わないものなどは思い切って捨ててしまいましょう。なるべく物がない部屋を用意できるとより良いですね。捨てる勇気が持てないのならば、応急処置になりますが、違う部屋に移動させるだけでも、まずは良しとしましょう。

また、部屋が片付いていないから、いつまでたっても水晶透視の練習を始められない、という人が必ず出てくるのですが、十分に片付いていなくても、まずは透視の練習を始めてしまうことが大切だと私は思います。

◎潜在意識はすべてを把握し、記憶している

私たちは、通常の意識状態では、不要な物やすでに役目を終えたもののエネルギーをそれほど気にしません。しかし、潜在意識は部屋のすべてを把握できる意識です。

そして不要なものがたくさんあったり、汚れていたりするとそれをストレスに感じるのです。潜在意識はエネルギー体と考えてもらってもよいかもしれません。

またそれ以外には、

①定期的に窓を開けて空気の入れ替え
②スマッジを焚く
③部屋の四隅に塩を置く

などして部屋の清浄さを保つようにしましょう。

私たちの潜在意識、エネルギー体が安心して水晶透視をできる環境を、まずは整えましょう。どのような物にもエネルギーがあります。私たちには何でも記憶することができて、何が起こっているのかを正確に把握できる光の体があります。目に見える肉体と同じように、こちらの身体も大切にして、尊重し、ケアをする必要があります。

この魔法の部屋はあなただけのゼロ地場、ゼロポイント、そしてパワースポットです。水晶透視を通じてスピリットが飛翔していく場として、特別な部屋を特別な空気感で満たしましょう。

◎エネルギーは部屋にも蓄えられ、「力の場所」となる

部屋にはエネルギーも蓄えられます。

最近はレンタルスペースやレンタル会議室も増えて、自分の空間ではないところでセミナーや会議をする機会が増えた人も多いと思います。その部屋に入った瞬間に、部屋には誰もいないにもかかわらず、自分たちの前に部屋を使用した人たちの気配を、ダイレクトに感じる人は多いのではないでしょうか。

どのようなタイプの人たちが、どんな話をしたのか。物質としての体は存在していないけれど、残留成分としてのエネルギーは、生々しく残っている状態です。このようなことからも、エネルギーのほうが、人間の体を含めた物質よりも生命力が長いという、そのニュアンスが理解できるかもしれません。

モノがなくなった後にも残る気配と雰囲気。部屋に残るエネルギーには十分に注意が必要ですし、ケアをしなければいけません。逆に不必要な物を置かず、綺麗に掃除された部屋でエネルギーワークや水晶透視をし続けることによって、清浄なエネル

ギーは日ごとに増していきます。生命力に満ちた、良いエネルギーは蓄えられていきます。ただの整理整頓された部屋以上の、高次のエネルギーに満ちた聖域となっていきます。こうして、水晶透視や他のスピリチュアルワークをする部屋は、力の場所となるのです。

◎水晶透視に最適なベストシーズン

水晶透視に最適な季節なんてあるの？　と思うかもしれませんが、水晶透視にもうまくいきやすいシーズンがあります。これは水晶透視だけではなくアストラル投射や、エネルギーワーク全般に言えることのようです。

空気が乾燥していて、気温はほどほどで寒くも暑くもない時期がスクライングをしやすい――。私も初めのうちはそれほどピンとこなかったのですが、エジプトを訪れた時にそのことを実感することになります。

空気が乾燥していて、気温も日中、陽が当たっている場所でなければ、予想していたよりもずっと涼しいエジプト。雲ひとつない澄み切った青空がどこまでも続いていて、天とのつながりを実感できる光景でした。天や高周波の世界との間に、遮るものが何もないと感じ、このストレート感に心打たれました。

水晶透視はアストラル投射の一つの形態でもありますが、アストラル投射がしやすいといわれている季節は一般的には、春分（毎年3月20日ごろ）の前後です。1月の終わりか2月の初めの節分の頃から4月の半ば過ぎくらいまでが一番、スクライングをしやすい季節と言えるでしょう。

春分には特別な力があります。私が初めてスクライングではっきりとした映像を見たのは4月15日です。1月くらいから様々な神秘体験や明晰夢を繰り返しました。今思えば、そのクライマックスとしてのXデーだったように思います。このサイクルは毎年共通していて、だいたい2月の初め頃から夢や水晶透視が活発になってきます。

一年の中で、春分、夏至、秋分、冬至の四つのポイントは日本でもよく知られていますが、例えば冬至と春分の真ん中にあるインボルクなどはまだそれほどポピュラーではないようです。時間的なエネルギーポイントをうまく取り入れながら、水晶透視の練習を効率的に進めていきましょう。

春分…毎年3月20日頃、占星術では象徴的におひつじ座の0度を意味し、強力な始まりのポイントです。すべてはこの春分から始まっていきます。昼の長さと夜の長さが同じになるゼロポイントでもあります。

夏至…毎年6月21日頃。占星術では象徴的にかに座の0度を意味します。のびのびとした成長力がある空気感が特徴です。一年で一番、昼の時間が長い日。

秋分…毎年9月23日頃。占星術では象徴的に天秤座の0度を意味します。春分でスタートしたものが形になってゆくシーズンです。昼と夜の長さが同じになる、ゼロポイント。

冬至…毎年12月20日頃。占星術では象徴的に山羊座の0度を意味します。一年のうち一番夜が長い日。

このようなエネルギーポイントの日には水晶透視では特に映像やインスピレーションを受け取りやすい日となります。またその時に見た映像は、その後の3か月、例えば冬至だったら次の春分までの3か月を象徴していることが多いです。

この4つのポイントは、よく知られたエネルギーの切り替わりのポイントです。春分は最近では宇宙元旦などと呼ばれて、日本人でもお祝いをする人が多くなってきました。私たちよりもずっとサイズ感が大きい宇宙との扉が開くために、大きなエネルギーが人間や地球に降り注ぎます。この四つのポイントの近辺で見る映像は、重要なメッセージになることが多いです。

また、この間にも、エネルギーが強力に働くポイントがあります。

冬至と春分のほぼ中間に、**インボルク（Imbolc）**…（2月1日・または2日）
春分と夏至のほぼ中間に、**ベルテーン**…（4月30日・または5月1日）
夏至と秋分のほぼ中間に、**ルナサード**…（8月1日または2日）
秋分と冬至の間のほぼ中間に、**サーウィン**…（10月31日または11月1日）

この4つのポイントも、宇宙からエネルギーが降りてくるポイントとされています。

水晶透視では、特にインボルクの頃の2月の初めから春分過ぎくらいまでが一番のシーズンです。占星術でいうと、太陽の位置が、みずがめ座からおひつじ座の期間くらいが一番良いようです。牡牛座に入ると、空気は一気に地上的になります。地に足がつくのです。肉体にフォーカスしやすい時期が到来します。こうしてベストシーズンは終わっていきます。

勿論、このシーズン以外は、水晶透視がしづらいということではありませんが、この期間は特に水晶透視を練習する時間を増やすと大きな効果が期待できるでしょう。水晶透視に限らず、夢見なども活発になりやすい時なので、有効に利用するとよい時期となります。

◎練習に最適な時間帯を見つけよう

水晶透視にベストシーズンがあるように、一日のうちで最適な時間帯もまた存在します。

生活スタイルや、好みもあると思います。一般的に水晶透視がしやすい時間帯は、早朝と夕方ですが、正午が良いという人もいます。これは象徴的に一日の真ん中であるため、先ほどの春分や秋分のようにゼロポイントのような効果があります。

また夜の時間帯をNGとしている人もいるようですが、私は夜以外に時間が取れないことも多いので普通に練習しています。ただそれも遅くて11時くらいまでです。午前0時や夜中の3時に水晶透視をするのは、刺激が強いような気がして、無意識に避けています。

朝4時くらいだと平気でできるのに3時は怖い。これも個人差があるので加減しながら、やってみてください。繰り返しになりますが、早朝と夕方の水晶透視は、効率的で、はっきりとした映像が見えるまでの時間短縮になり得るはずです。

水晶透視の鍵・エネルギー体を強化しよう

◎映像はオーラの体ともいえるエネルギー体で見る

水晶透視の映像は、実質的な肉体の目ではなく、エネルギー体で見ます。

エネルギー体は、オーラの体、第二の体、エーテリックダブル、見えない体、光の体、エーテル体など、様々な呼び名があります。

実体のある、物質的な体が私たちの肉体だとすると、エネルギー体は私たちの肉体の周囲を取り囲むように、滲んでいるように見える部分です。薄暗い部屋の中で、身体をリラックスさせて、目の焦点を合わせずにぼーっと人やモノを見ると、たいていの人が、その周囲に滲んでいるような気配を感じる、あるいは見ることができるのではないかと思います。その滲んでいるような部分がエネルギー体です。

エネルギー体は、そのエネルギーの成分をさらに細かく分けて、エーテル体―アストラル体―コーザル体―メンタル体などと異なる層（レイヤー）として存在しています。この肉体以外の体を総称としてエネルギー体と呼びます。このエネルギー体は簡単にいうと精神の体であり、見えないエネルギーの体です。また人によって、このレイヤーの呼び名は少しずつ違ってきます。

水晶透視の映像は、このエネルギー成分のうちのエーテル体と呼ばれる体のすぐ外のレイヤーのエネルギーをメインに使って見ていきます。エーテル体は、モノが物質になるまでの過程で、モノになる直前の形あるいは状態と考えてもよいかもしれません。カバラの生命の木をご存じの人は、9番目の光球（セフィロト）であるイエソドを思い出すとわかりやすいかもしれません。10番目の光球のマルクトが、この物質世界全般なら、1番目の光球ケテルから9番目の光球のイエソドはイメージの世界。そろそろ固い物質になるぞ、というその直前の、バーチャルな世界の最終段階がイエソドでありエーテル体です。

また、ハワイのカフナという呪術では、エーテル体は、ベタベタしている粘着性の物質と考えられているようです。水晶透視で見る映像は、主にこのエーテル体で見ますが、ここでは総称であるエネルギー体、と呼んでいくことにします。

◎見た映像は、光の体に記憶され、ストックされる

水晶透視では、実際の肉体の目ではなく、真の生命力ともいえるオーラの体やエネルギー体や光の体にアクセスして映像を見ています。ですからスクライングで、テレビを見るのと変わらない、明確な映像を見ているその瞬間に、隣でスクライングをしている人に、自分の見ている映像を見せようとしても、その人は映像を見ることはできません。

水晶透視の映像は、自分のエネルギー体が見ている映像であり、それはエネルギーの世界の映像です。物質的な世界の周波数とは異なるので、誰にでも見えるというわけではないのです。

また見た映像は、エネルギー体とも呼ばれる光の体に記憶され、ストックされていきます。それが積み重なっていくことで、自分だけの光の書ともいえるような記憶の倉庫が出来上がります。さらに、すでに自分の光の体にストックされていた大切な記憶を、水晶透視をしている時に、映像として見ることもあります。

明確な映像は映らないけれども、水晶からその周囲に向かって、煙のようなものが見える、という時は肉体の眼とエネルギー体の中間くらいで見ていることが多いです。

「肉体の目で物を見ている」という状態と、「完全にエネルギー体にシフトして見ている」状態の違いは、非常にわかりやすいので、その時に迷うことはないはずです。完全にエネルギー体にアクセスしてスクライングができている状態の時に、私は今、肉体の目で見ているんでしょうか、どっちでしょうか、と疑うようなことはまずないでしょう。

この二つの状態の中間の状態は、グラデーションのように、体験の仕方や見え方が様々です。その比率は人によって、またその時によって変わってきます。紅茶をいれる時に、毎回微妙に濃さが違うように異なるのです。

◎サイキックスポンジとサイキックアタック

サイキックスポンジという言葉があります。スポンジのように、他者の想念や見えないエネルギーを吸ってしまう人のことを言います。一般的にはそれで疲れやすい人や、傷つきやすい人のことを表しています。

これを読んでいる読者の皆さんの中にも、人と一緒にいて、何事もなく数時間を一緒に過ごしたけれども、別れた後にしばらくしてどっと疲れた、または数日寝込んでしまった、というような体験をしたことのある人がいるのではないでしょうか。相手に悪気はなくとも、相手の邪気（マイナスなエネルギー）を自分のエネルギー体が無意識のうちに吸い込んでいるのです。

通常、吸い込まれた側の人は、元気になって帰っていくことが多いのですが、無意識に吸い込んでしまった側は大変です。回復にしばらくかかることもままあります。最近は、人込みや、人と一緒にいるとすぐに疲れてしまう敏感な体質の人のことをHSP（highly sensitive person）と呼び、少しずつ知られてきましたが、これも一種のサイキックスポンジなのかもしれません。

また、サイキックアタックというのは、想念で他者から攻撃を受けているような状態のことを指します。普通は、サイキックアタックを受けている、というように表現します。

この二つはどちらとも、実体の肉体が、圧力や攻撃を受けているわけではありません。しかし、エネルギー体は圧力や攻撃を受けるので、そこからじわじわと肉体にも影響が出てきて、不調をきたすのです。

◎眼鏡やコンタクトを外してエネルギー体を感じてみよう

水晶透視の練習は、普段コンタクトレンズや眼鏡をしている人も外した状態でやってみましょう。コンタクトも眼鏡もしないほうがよいのは、まずはリラックスするためですが、肉体の目で見ているわけではないので実際の視力はそれほど関係ないことが多いからです。

水晶上に映る映像を見ているその瞬間は、エネルギー体に意識がシフトしている状態でいわば、エネルギー体の目で映像を見ているようになります。もう少し言うと、エネルギー体全体、オーラ全体で映像を見るようなイメージです。つまり、リラックスした状態から、エネルギー体に主体をシフトし、どこに目がついているのかわからない状態にまでなって鮮やかな映像を見るというプロセスをたどるというわけです。眠っている時に見る夢が、眼鏡やコンタクトをしていなくても、焦点がしっかりと合い、見ている物も鮮やかであることと少し似ています。

水晶透視で眼鏡をしていたほうが便利かもしれないのは、水晶の中にあるクラックなどを利用して、見えた気がする映像を拾う時です。このやり方をする時には、眼鏡やコンタクトがあったほうが、クラックの細かい部分まで見えやすいと感じる場合があるかもしれません。
どうしても眼鏡やコンタクトがあったほうがいいと感じられる場合は、使っても構いませんが、外した時と、している時のヴィジョンや映像の違いなども比較すると興味深いでしょう。

◎思考、感情、記憶。余分な物を減らしてエネルギーを取り戻す

水晶に映像を見ることができるかどうかは、光の体にエネルギーが十分にあるかどうかにかかっています。ですから、水晶球や黒鏡を眺める前の段階でのエネルギーワークが非常に大切になってくるのです。このエネルギーワークで、エネルギー体を強く、豊かにすることができます。

通常、このエネルギーワークは、体を十分にリラックスさせた後に行います。エネルギーワークをいくつか試した後に、水晶や黒鏡を眺め始めるという流れになります。ここで紹介するエネルギーワークをすべて一回でやる必要はありません。エネルギーが満ちていく感覚があるものをいくつか選んでください。このようなエネルギーワークに慣れていくと、一瞬のうちに、見えない世界に入ったり、出たりすることができ

るくらいにエネルギー体が豊かになっていきます。

◎エネルギー体を豊かにするエネルギーワーク

1．頭部のヒーリング

マッサージを受けたり、体のケアをするに越したことはないのですが、特に優先したいのが頭部へのヒーリングです。水晶透視を始める前に、ほんの少しレイキなどのハンズオンヒーリングをするだけでも頭がリラックスし、頭が軽く、空っぽになったような気持ちになり、水晶透視の映像が見やすくなるようです。

また水晶透視をする時だけでなく、夜寝る前にもおすすめします。5～10分、頭に溜まっている余計なものを浄化する、と意図して頭に手が触れるか触れないかくらいの距離で手を当てます。確実に夜眠っている時に夢も見やすくなります。

2．エネルギー体の左右のエネルギーバランシング

水晶を置くだけでエネルギー体を豊かにする方法の一つで、エネルギー体の左右の

バランスを取ります。水晶球は大きいほうが効果的で、直径15センチ以上の水晶が用意できれば最高です。二つ準備してください。透明度にはそれほどこだわらなくても大丈夫です。大きい水晶は浄化するのが面倒になるものですが、水晶球は手に入れた時点で、流水や粗塩などを使って十分に浄化してください。

①始める前にも、水晶球を綺麗に浄化します。水と石鹸でさっと洗って、清潔なタオルで拭いてください。またゆったりとした、清潔な服に着替えましょう。
②椅子に座って行うので、ぴったりと足の裏を床につけられるような高さの椅子を用意してください。
③水晶球を椅子の左右に置きます。
④椅子に座り、目を軽く閉じてください。
⑤水晶球が自分のエネルギー体のエネルギーバランスを整えてくれている、と意図します。または、水晶球に「私の左右のエネルギーバランスを整えてください」と心の中でお願いをします。
⑥だいたい右か左のどちらかがエネルギーが弱いと感じている人が多いようなので、

どちらが強くて弱いかを感じます。

⑦弱いほうをより補強するような気持ちで、水晶球からエネルギーを取り込んでいるというイメージをします。

初めのうちは、エネルギーが強すぎると感じたり、ぼーっとしたりすることがあるかもしれません。個人差が大きいので時間は加減しながら増やしたり減らしたりしましょう。

3. 松果体のエネルギーワーク

松果体が活性化すると、サイキック能力やエネルギー的な視覚が開くといわれていて、私自身も頻繁に松果体を使ったエネルギーワークしています。

①水晶球を目の前に置いてください。

②体をリラックスさせます。足はぴったりと床につけてください。体の重心は、胸とお腹の間くらいに保ってください。

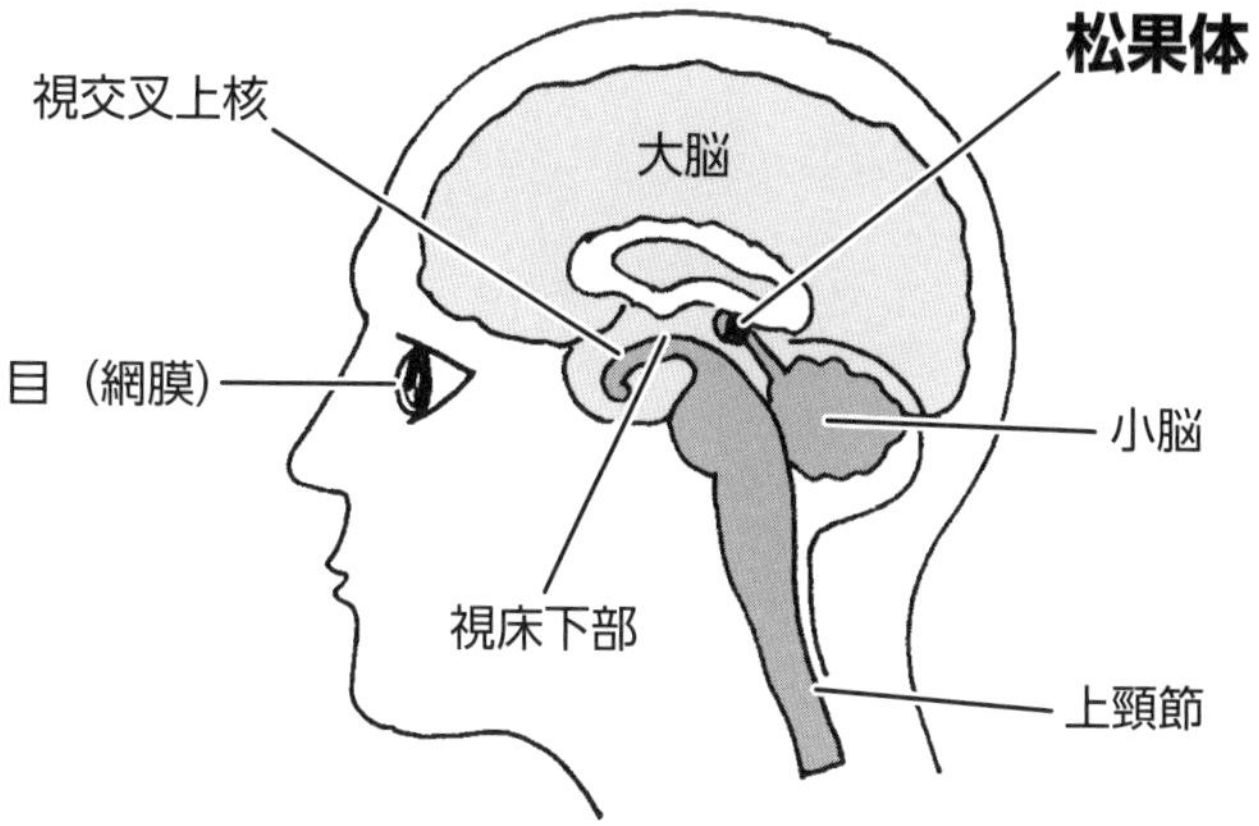

③軽く目を閉じて、頭の中の、松果体の位置をイメージで探ります。見つかったら、しばらく意識をそこに集中させます。
④その見つけた松果体が、あたかも水晶のようにイメージしてください。実際の松果体より少しだけ大きめの水晶です。
⑤その水晶がキラキラと輝いているところをイメージします。軽く目を開けて、吐く息で、そのキラキラを目の前の水晶に流し込むイメージを持ちます。
⑥吸う息で、そのキラキラした光が松果体へと吸い込まれるようなイメージを持ちます。これを数回やってください。
⑦この光の成分を、少しずつ液体を垂らすようなイメージで、喉、胸、太陽神経叢、

生殖器、足元まで下ろしてください。足元まで垂らしたら、その光を強めます。その後、深呼吸をしてゆっくりと目を開けます。物の見え方や景色の違いを感じてください。

◎月のサイクルを味方につけよう

月は見えないものの象徴であり、神秘、夜、潜在意識の象徴でもあります。このようなものを象徴する月と見えない体のエネルギー体は密接に関係しています。ですから、月のサイクルは映像の見えやすさとも関係があります。

月はエーテル体そのものと言ってもよく、月が満ちていく時には、エネルギー体もだんだんと豊かになっている時で、映像は生き生きとしていて見えやすいのです。逆に、月が欠けていく時には、映像はぼんやりとしたものになりやすい傾向があります。

月のサイクルは、新月から次の新月まで約28日。月の四つのサイクルとの向き合い方について考えてみましょう。

新月…月が細くなり続けてなくなり、光の体のエネルギーが一番弱まる時です。新月の瞬間から、エネルギーは少しずつ増えていきます。スクライングでは、新月から5日後くらいの日に、集中的に練習すると効果が高いです。鮮やかな映像を見やすい時と言えます。

上弦の月…新月から7日後くらいで、スクライングの練習の課題が見つかりやすい時期でしょう。また、特に、テーマを決めて映像を見るスクライングの練習がオススメな時期です。

満月…満月近くは、エネルギー体が他の時期に比べて豊かになっている時で、映像はかなり見えやすい時期です。映像やインスピレーションが効率的に得やすいので、普段よりもスクライングする時間を増やしてみましょう。

下弦の月…少しずつ光の体のエネルギー量が少なくなってきて、脱力しやすい時期となります。この時期は、映像を見始める前のエクササイズを、時間をかけて丁寧にやってみてください。他の時期よりも、エネルギー体を強め、オーラを強くすることを心がけるとスクライングもうまくいきやすいでしょう。

第二章　さあ、水晶透視をやってみよう！

ステップ1
部屋を好みの暗さにする

まず部屋を好みの暗さにしてください。「好み」とは「映像が出てきそう」と感じることのできる暗さのことです。

この暗さの好みは人それぞれ違いますが、水晶透視が初めての場合は、真っ暗に近いほうが、煙や靄などを含めた映像を見やすいと思います。スクライングに慣れてくると明るい部屋でも水晶に映った映像を見ることができるようになりますが、最初は暗めからスタートしてみましょう。

私は、夜、カーテンを開けっ放しにして、電気をすべて消して水晶透視をするのが好きです。街明かりでほのかに明るく、映像が非常に見やすい、ほんの少しだけ明るい明るさになります。

これは住んでいる場所にもよると思います。繰り返し練習する中で少しずつ明るさを変えながら、自分が最適と思える暗さを見つけてください。人によっては調光器を使って微細な明るさを調節する人もいます。

ステップ2……スクライングをする姿勢を決める

水晶透視というと、ヴェールを被った女性の占い師が、テーブルに置いてある大きめの水晶玉に手をかざしている光景を思い浮かべる人が多いでしょう。実際に水晶透視をやってみるとわかるのですが、目の前に置かれた水晶を見つめ始めると、自分の顔や天井のライトや背景が水晶に映り込みます。手をかざしているのは、その映り込みを防ぐためであり、ヴェールを被るのは、水晶に周囲の物が映り込んで、浮かび上がる映像やインスピレーションを邪魔するのを防ぐためです。

私自身はヴェールを被ったことはありませんが、パフォーマンス的な視覚効果を狙う意味も込めて、やってみたい人はヴェールを被って水晶透視をするのもよいでしょう。ヴェールがあっても、なくても、変性意識に深く入ることができれば、水晶球への多少の映り込みはほとんど気にならなくなるものです。

水晶球がそれほど大きくない場合は、私は床やテーブルに置いてスクライングするよりも、手で持ってスクライングするほうが好きです。手で触れることによって、そ

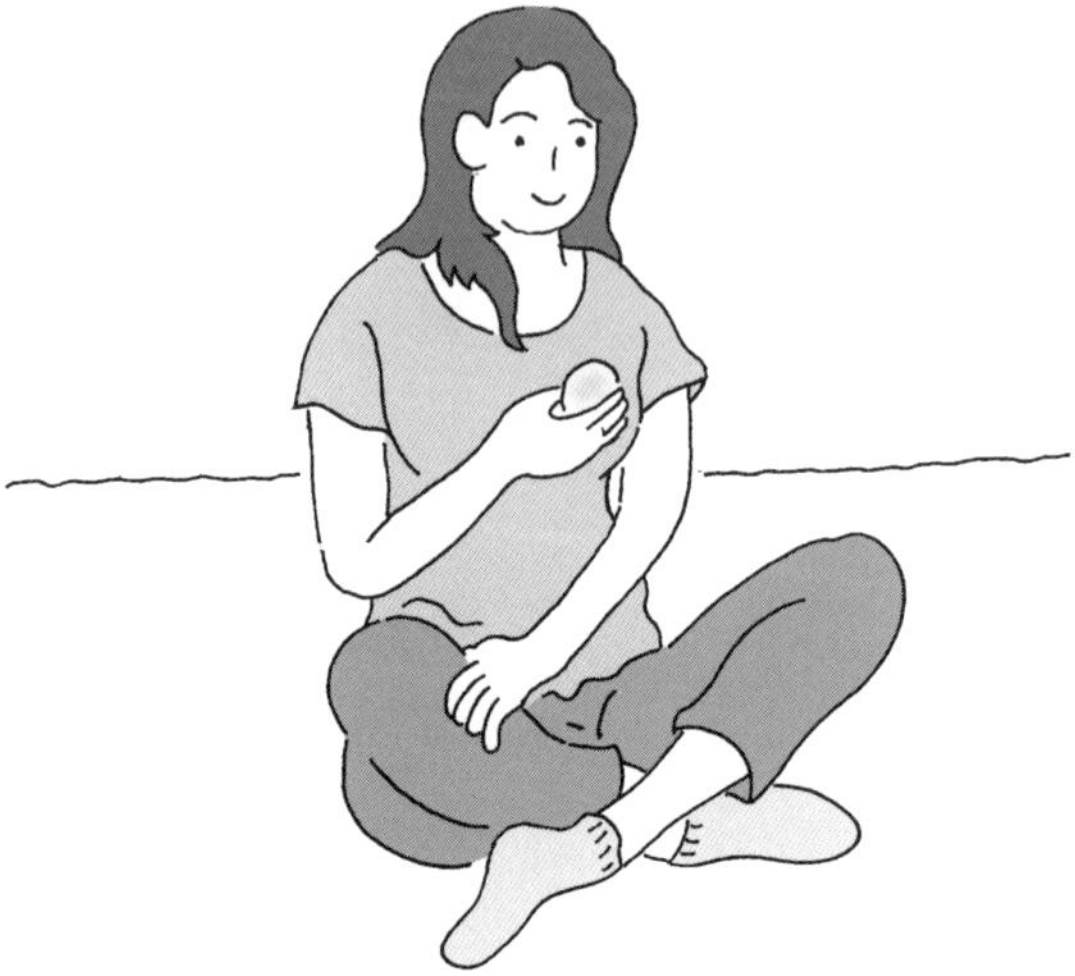

こからも情報が入ってくるような気がします。こうしても、水晶球に周囲のものが映り込む場合は、持っている手の指でうまく調節することができるのでやってみてください。

◎姿勢や道具を変えながらもOK

私はスクライングではっきりと映像が見えるようになるまでは、当時、毎日、一日3時間前後の練習をしていました。そのくらいやっていると、同じ姿勢だと流石に飽きるというか、体勢を変えたくなりますし、道具も変えたくなります。ですから、臨機応変に水晶球や黒鏡などの道具を変えながら、姿勢も変えて

いきます。長時間の練習をしていた時には、主に3つやり方をローテーションしていました。

①床に座って、壁に寄りかかりながら水晶を手に持ったり、床に置いてある水晶をスクライング

　場合によっては、椅子に座っているよりもずっとリラックスできるのが利点です。また、水晶球などの道具を置いてスクライングしたい場合は、自分の目と水晶球の距離ができて、上から見下ろすような姿勢になるので、見づらいと感じるかもしれません。手に持ってのスクライングが好みな人にはおすすめします。デ

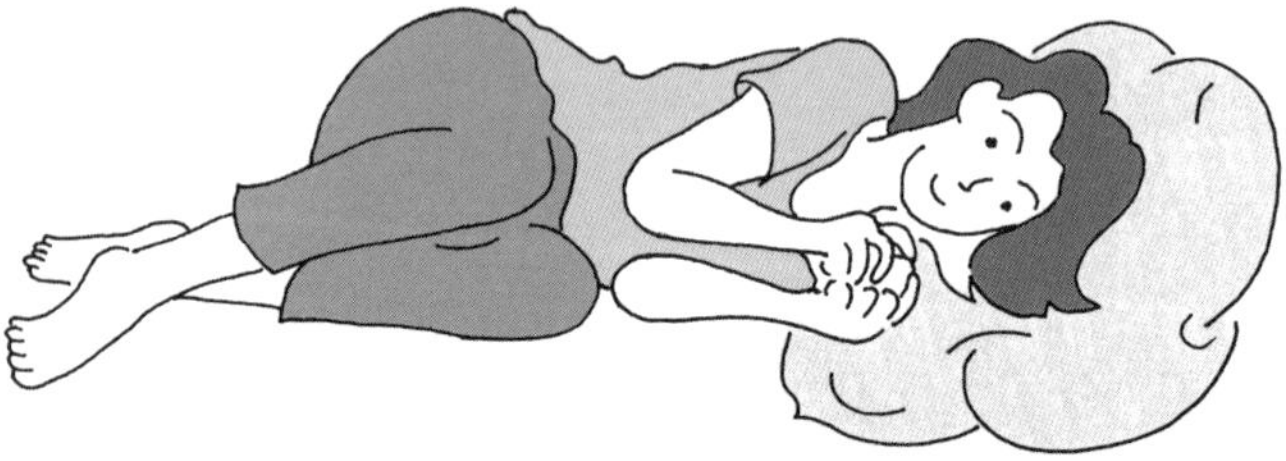

メリットは、寝落ちした時に手から道具を落として黒鏡が欠けたりすることがあります。

②ベッドに寝転がって、横向きになりながら水晶を手に持ってスクライング

特に長時間の練習だと横になりたくなるし、途中で何度も寝落ちしては目覚め、ということを繰り返し、究極のリラックス状態になりやすいのでおすすめです。寝てしまった時に、道具を落としても多くは布団の上のことが多いのも安全です。しかし時々ベッドから水晶球が転げ落ちて、ひびが入ったりすることもあるので注意しながら試してください。

③椅子に座って、テーブルに置いてある水晶をスクライング

一番スタンダードな姿勢ですが、椅子によっては体が安定しづらいことがデメリットです。水晶透視をする前に、体をリラックスさせますが、椅子から体が倒れたりするのを防ぎたいという気持ちから、リラックス具合が中途半端になることも。時々本当に寝落ちして、体が横に倒れそうになる場合もあるのがデメリットです。

一番ハードに練習していたころの私は、床に座って、スクライングをするのがお気に入りでした。明確な映像は見えていないものの、一番、「くっきりとした映像が出てくる」というような体感までいくことが多かったからです。

目の前にベルベットの敷物を敷いて、その上に持っている限りの水晶球、水晶ポイント、黒鏡などを置いて順番に使っていました。逆に、今ではそう感じることはないのですが、テーブルの上に水晶を置いてスクライングするのが一番、手ごたえがないと感じていました。椅子に座りながら上手にリラックスできなかったのが原因かもしれません。

二番目の横になって、水晶透視をするというのは、あまりおすすめできる姿勢ではありませんが、一番初めに明確にくっきりとした動画の映像を見たのはこの姿勢でし

たので無視できません。寝落ちに強いのがこの姿勢のメリットです。寝てしまった時に、椅子から落ちたりする危険がないので、その分、リラックスして取り組むことができます。

自分に向いていると思ったら、初めは5分程度にしてそれから徐々に時間を増やしていってください。

ステップ3……体をリラックスさせて、エネルギーを集めよう

姿勢を決めたら、体をリラックスさせていきます。水晶透視だけでなく、魔術全般でとても重要だと考えられていることがあります。それはいかに身体の力を抜き、リラックスできるかどうかということです。

水晶をはじめ、様々なスクライングはこの段階をいかに丁寧にやるかによって、その良し悪しが決まってきます。この段階で、スクライングという意識の海を泳ぐ作業の前の準備運動と捉えるとよいでしょう。忙しい生活の中でのスクライングの練習ですと、この段階を省きたいとは思いますが、水晶球や黒鏡に、はっきりとした映像や

インスピレーションを受け取るための大切なステップとなりますので、ぜひ丁寧にやってみてください。

◎体の力を抜いて、全身をリラックスさせる

頭のてっぺんから足のつま先まで力を抜き、リラックスさせます。ゆったりとした姿勢で座ってください。

椅子でも床でもよいです。それでは…

楽に、できるだけ深い呼吸を自分のペースでしてください（特に呼吸をカウントする必要はありません）。

息を吸って……吐いて……

頭のてっぺんに意識を向けて……頭皮の力を抜きます。

額に意識を向けて……額の力を抜きます。

両目に意識を向けて……両目の力を抜きます。

両耳に意識を向けて……耳の力を抜きます。

両頬に意識を向けて……両頬の力を抜きます。

口元に意識を向けて……口元の力を緩めます。

首と喉に意識を向けて……首と喉の力を抜きます。

肩に意識を向けて……肩の力を抜きます。

両方の腕を手の指先まで、一気に力を抜いてください。

背中に意識を向けて……背中全体の力を抜いてください。

お腹に意識を向けて……お腹の力を抜きます。

腰に意識を向けて……腰の力を抜きます。

子宮に意識を向けて……子宮の力を抜きます。

両足に意識を向けて……両足の力を抜きます。

膝、ふくらはぎ、足首、足の指先まで一気に力を抜いてリラックスしてください。

力を抜く、と意図するだけで力は抜けていきます。

もう少し明確にイメージしたい場合は、体のその部位から、硬いものを引き抜くようなイメージを持つとやりやすいでしょう。

◎**呼吸を整えよう**

4カウントで息を吸い、4カウント息を止め、4カウントでゆっくり息を吐きましょう。このカウントは、もう少し長めでも構いません。自分に最適な長さを見つけてください。また、数えることに気を取られ過ぎないように気をつけましょう。数えることで余計に頭を使ってしまいます。呼吸を整える理由は、リラックスするためです。

大きく息を吸って……吸う息であなたという存在のエッセンスを自分の中心に集めるようなイメージで息を吸います。

大きく息を吐いて……そのエッセンスをどこまでも遠く、宇宙へと拡散させていくようなイメージで吐きましょう。

こうして自分を内包する宇宙と一体化していくようなイメージを持ちましょう。

ステップ4……エネルギーを集めよう。光の体を強めよう

全身を緩めてリラックスしたら、エネルギーを集めて、オーラを強め、エネルギー体を豊かにしていきましょう。

◎オーラを強くするエクササイズ❶

自分のペースで深くて自然な呼吸を続けます。

自分の重心はみぞおちあたりに固定します。

頭頂に、直径6センチくらいの、白銀色に輝く光の玉をイメージして下さい。キラキラと輝く光の玉。

胸の位置に同じように、直径6センチくらいの、白銀色に輝く光の玉をイメージして下さい。キラキラと輝く光の玉。

足元に、同じように、直径6センチくらいの、白銀色に輝く光の玉をイメージして下さい。キラキラと輝く光の玉。

この3つの光の玉が、どんどん輝きを増していく様子をイメージして下さい。

輝きを増し、大きくなるにしたがって、3つの光の玉が体の周囲で一つになっていき、大きなオーラを作り出します。一つになったオーラをさらに輝かせてどんどん、大きくなることをイメージして下さい。

◎オーラを強くするエクササイズ❷

①頭頂から数センチ上のところに、直径6センチくらいの白い光の玉をイメージします。この光の玉が、生きているかのように振動し蠢きながら輝いているところをイメージします。3分くらいの時間をかけてイメージできたら、その玉を眉間まで下げていきます。

②眉間の位置で、直径6センチくらいの光の玉が生きているかのように振動し、蠢きながら輝きを放っているところをイメージします。3分くらいの時間をかけてイメージできたら、この光の玉を、喉の位置まで下げてきます。下げる時に明確に光の帯をイメージして下さい。

③喉の位置で、直径6センチくらいの光の玉が生きているかのように振動し、蠢きながら輝きを放っているところをイメージします。3分くらいの時間をかけてイメージできたら、この光の玉を、胸の位置まで下げてきます。下げる時に明確に光の帯をイメージして下さい。

④胸の位置で、直径6センチくらいの光の玉が生きているかのように振動し、蠢きながら輝きを放っているところをイメージします。3分くらいの時間をかけてイメージできたら、その玉を太陽神経叢のあたりまで下げていきます。下げる時に明確に光の帯をイメージして下さい。

⑤太陽神経叢の位置で、直径6センチくらいの光の玉が生きているかのように振動し、蠢きながら輝きを放っているところをイメージします。3分くらいの時間をかけてイメージできたら、その玉を生殖器のあたりまで下げていきます。下げる時に明確に光の帯をイメージして下さい。

⑥生殖器の位置に、直径6センチくらいの光の玉をイメージします。この光の玉が、生きているかのように振動し蠢きながら輝いているところをイメージします。3分くらいの時間をかけてイメージできたら、その玉を足元まで下げていきます。その時に、明確に光の帯をイメージして下さい。

⑦足元に、直径6センチくらいの光の玉をイメージします。この光の玉が生きているかのように振動し、蠢きながら輝いているところをイメージします。3分くらいの時間をかけてください。

これで、頭頂から足元までの7つの玉と、光の玉同士をつないだ光の帯が体の真ん中にできました。足の裏をピッタリと床につけて、この白く輝く光の帯が、さらに活性化して光を増していくところを想像します。

⑧両足裏の真ん中あたりから、光の玉のエネルギーをまるで足が呼吸しているかのように、吸い込んで上に上げていきます。光の帯をどんどんと貫いて上に上がっていきます。喉も頭も通過したら、その光の帯の成分が、頭頂を突き抜けます。突き抜けたところでそれがシャワーのように360度拡散して足元まで流していきます。これを5、6回続けてください。

◎水晶と呼吸するワークをしてみよう

テーブルに置かれた水晶をぼんやりと見始めます。力に満ちた水晶からエネルギーをもらうように、水晶球の周りのオーラを吸う息とともに吸い込んでいきます。その後、吐く時に、自分という存在のエッセンスを水晶に向けて吐きかけていきます。さらに息を吸います。自分の存在がさらに水晶のエネルギーで強まるように息を吸っていきます。これを5回から10回続けます。

ここで紹介したエネルギーワークを最低一つくらいはやってからスクライングを始めましょう。毎回、すべてを丁寧にする必要はないです。持ち時間に合わせて調節して下さい。

ステップ5……さあ、水晶を見つめてみよう

エネルギーを活性化させた後は、いよいよ水晶透視を始めましょう。

水晶を見始める前にまず何を見るかを決めましょう。

思いも寄らない大きなギフトを受け取りたい場合は、何も問いかけをせずにスクラ

イングしてください（①）。知りたいことがある場合はしっかりと、質問を決めてから始めてください（②か③）。

①何も意図せずに見る

水晶透視のトレーニングの中では一番基本で、一番大切な練習になります。何も意図せずに水晶球を見つめてください。何も考えないで水晶を見る練習です。私たちは常に休みなく何かを考えているので、色々と思い浮かぶことでしょう。思いや考えが、浮かんできたらそれを脇に避け、また浮かんできたら脇に避けていきます。こうして頭に「空」の状態を作ります。何も考えていない一瞬の隙間を作っていきます。この考えと考えの間の一瞬に、違う時空間との裂け目が開き、そこで映像を見るようになります。

②イエス・ノーで答えられる質問をする

水晶透視を始めたての時に、この練習をたくさんするとよいでしょう。水晶の左半分がイエス、右半分がノーなどと決めておき、水晶透視を始めます。例えば左半分に、キラキラとした光や、雲のようなモヤモヤが出てきたらイエス。右半分なら、ノーです。

③問いかけをしてその答えを見る

今、知りたいことを問いかけます。「8月はどんな月になりますか？」「昨日出会った彼とはどうなりますか？」など、具体的な質問をします。また特に質問が思い浮かばない場合は、「今、私が一番知るべきことは何でしょうか？」という問いかけも万能で使いやすいです。

◎質問はきちんとセンテンスにする

部屋は暗い状態のことが多いと思いますが、可能ならば質問は、ノートに書いておくとよいでしょう。何となく、「明日の私と彼……」のようなぼんやりとした質問の仕方はやめましょう。

問いかけを決めたら、その質問の文章を、一度声に出して言うか、心の中で問いかけます。それから水晶を見始めてください。スクライングをしている間、ずっとその質問のことを考えている必要はありません。一度はっきりと問いかけたらなるべくそのことは考えずに、心とエネルギー体を空っぽの状態にすることを意図してください。

このようにしてスクライングをし続けます。初めは5分からスタートしましょう。それから5分毎に長くしていくとよいでしょう。最長で30分くらいまでにするようにしてください。質問の答えが、直球で映像として映ることはとても少なく、たいていの場合は解釈が必要となります。例えば、「8月はどんな月になりますか?」という問いかけで、8月のある重要な場面がそのまま濃い映像で映ることはあまりありません。色が映るかもしれませんし、光がキラキラと蠢くかもしれません。それを、自分で解釈をしていきます。

◎オーラ全体で水晶を包み込むように見る

映像を見よう、答えを受け取ろうと真面目な気持ちになればなるほど、肉体の目にグッと力を入れて水晶や黒鏡を見つめてしまい、目がとても疲れるという人が時々います。これでは時間をかけて全身をリラックスさせた意味がありませんので、映像を見たい、インスピレーションを得たい、という欲求に自分が凌駕されることなく、心静かに、ぼやっとした感じでスクライングをしましょう。

心全体、オーラ全体で水晶球を包み込むように見てください。あたかも胸の位置に目が付いているようなイメージで、心全体で見るようにするといいでしょう。見ているうちに、自分と水晶の間に境界線がなく、同化しているように感じるかもしれません。

◎明確な映像ほど、映像の意味は抽象的

濃い映像は、すぐに「ああ、こういうことか！」というような実感を得にくいことが多いです。見えたような気がする映像のほうが、アストラルの成分が薄い分だけ、自我が残っているような映像になりやすく、頭で考えた時に辻褄が合うことが多かったりします。

しかし、だからと言ってスクライングで具体的な問いかけの答えは得られないのか、というとそうではありません。ピンポイントで明確な映像が出てくることはないですが、暗示のような表現方法で、水晶はあなたの問いかけに応えてくれます。

また、明確な映像はよりアストラルの成分が濃い映像で、たとえ自分がよく分からない映像でも、その映像は非常に高い周波数の成分でできているので、見た後は元気

になります。これこそが真の生命エネルギーともいえるもので、この成分が少しずつ私たちを真の自己へと近づけていくのです。ですから、ぼんやりとした映像で満足するよりも、くっきりとした映像を見ることを目指すやり方をしたほうが、長期的にはメリットが大きいのです。

◎自分のイメージの中で勝手にストーリーや答えを決めない

スピリチュアルやサイキックに興味がある人は、特にこの罠に陥りやすいのでよく気に留めておいてください。自分の好みのイメージや、見たいストーリーを無意識下であらかじめ決めてしまい、まずはそれありきで、スクライングをスタートしてしまうことです。そして、見えている気がする映像で、そのストーリーをどんどん展開させていきます。

こういうやり方だと、妄想と紙一重になってしまい、水晶透視やスクライングから、問いかけへの正確な答えやヴィジョンが得られなくなってしまいます。常に、自分が客観的でいられるかどうかを、スクライングをしている間も心の片隅で、自問するような姿勢を大切にしましょう。

◎ノイズを減らし、「どうでもいい」と思えるか

一生懸命に水晶透視の練習をしても、なんのヴィジョンも回答も受け取れない、という場合はどうすればよいでしょうか。水晶透視に限らず、瞑想やヴィジョン視のワークでは、問いかけに対するノイズを減らしていくことが非常に重要となってきます。

ノイズとは、第一にその問いかけに対する余剰な思い込みや期待感です。また、いくら悩んでいても感情的に揺さぶられている時期でも、水晶透視をしているその時間だけは、その問題に対して「どうでもいい」と思えることが大切なのです。物事に固執したまま、くっきりとした明確な映像を見ることはとても難しいと私は思います。

見返りを期待しない活動は、純度の高いエネルギーが流れやすく、高周波数に比較的、容易にヒットしやすいので、その結果としてメリットを受け取りやすいという面があります。

また、最初のうちは、自分にとって大切なことをスクライングするのではなく、感情の入れ込み度が少なめのテーマを選ぶとよいでしょう。例えば、社会的な事柄などは、個人の思惑が入りにくいテーマも多いはずです。

パワースポットでも神社でも、見返りを期待すると外されます。上手く心からメリッ

ト感が外れていると、パワースポット巡りも上手くいきます。つまりどうでもいい、という心境にある瞬間だけはなるということ。意図と狙いはあるのだけれども、同時にそこから心は自由でいるのです。

◎水晶透視と夢の関係

ひとたび水晶透視の練習を始めると、夜眠っている時に見る夢が大幅に増えます。夢は誰でも見ているので、正確には夢を覚えている頻度が上がる、ということになりますね。

明晰夢も多くなってきます。私は夢見があまりにも活発な時には、現実生活とのバランスを取るために、水晶透視の練習をしばらく休むことがありました。皆さんも、水晶透視を始めると夢をたくさん見るようになった、と感じることがあるかもしれません。一晩に三つくらいの夢を、かなり鮮明に覚えている場合は、少し水晶透視をする時間を短くするか、数日から数週間お休みしてもよいかもしれません。

また、水晶透視で見る映像と、夜見る夢は続き物のドラマのように繋がりがあったり、同じものだったりします。

水晶透視をしている時に、水晶を見つめながらよく寝落ちします。その時に夢を見たりもするので、どうしてもこの二つは切っても切り離せない関係となります。さらに現実世界もプラスしてパラレルワールドのように並行して三つの世界が同時に進行しているように感じることさえあります。とても神秘的で不思議な体験ですが、あまりにもこの頻度が多い場合は、水晶透視の練習を休み、夜見る夢が落ち着いてきたら、水晶透視の練習を再開してください。

◎水晶透視と明晰夢

明晰夢とは、夢の中で「今自分は夢を見ている」という自覚がある状態のことを言います。その自覚がどのようにもたらされるのかは、人それぞれ違うでしょう。私個人の話でいうと、夢の中でまさに物語を体験している私と、それを見ている私。の二つ、時にはそれを見ている私の三つの自分を同時に体験します。

物語を体験している私を、少し上から眺めている私。眺めている私は、ああ、そこであまり感情的にならないほうがいいのに、などと見守りながら思っているのです。なぜそう思うかというと、強烈な感情を抱いた瞬間に、夢が終わってしまい、目が覚めてしまうことが多いからです。

また、明晰夢が、自分本人が登場することが多いのに対して、水晶透視の明確ではっきりした映像に、自分自身が出てくることはほとんどありません。映像の種類で水晶透視の映像なのか、夢を見ているのかわかることも多いです。

ステップ6……ノートに記録を取ろう

水晶透視の映像を含め、夢やあらゆるヴィジョンワークは、行われた時の天体配置の影響（占星術）や、場所や土地の持つ影響を受けることがあります。ですから、できる限りの情報を記録すると、見たものの意味を解釈しやすくなります。

◎光の体の体験は、文字にしても不思議なオーラと力を持つ

ノートには、これからあなたの光の体の体験を記していきますが、光の体の体験の記録は、文字にしても不思議なオーラと力を持ちます。何年経っても力とイマジネーションと特別なオーラの宝庫となるこのノート。なるべく目立つデザインのもので、すぐに見つけられるものにしてください。

水晶透視は、半分寝ているような意識の時にも映像やメッセージを受け取るので、不意にそのようなタイミングが訪れたとしても、すぐに見つけて記録をつけられるようにできるといいのです。

また、このノートは夢日記と併用してください。先に書いたように水晶透視で見た映像と、夜見る夢は、不思議なシンクロをすることがたびたびあるからです。

水晶透視は眠っている状態と、起きている状態の境い目のヴォイド状態の時に見やすいといわれています。その記録が、夢なのか、水晶透視の映像なのかはできるだけはっきりと記録しましょう。

◉年月日、時間まで

日にちは、必ず年から書く習慣をつけるとよいでしょう。

水晶透視で見る映像は、あなただけの個人的なものを見ると考えられがちですが、スクライングの映像は、その日にちの時空間のエネルギーや雰囲気を見たり、受け取ったりすることも多いのです。

読者の皆さんにも星占いを知っている方は多いと思います。例えば、水の星座といわれる蟹座や蠍座、魚座を月が運行している時は、水のイメージを受け取ったり、映像を見たりする場合があります。今は星占いや占星術に興味がなくても、何年も経ってから興味が湧いて、調べたいと思うかもしれません。

水晶透視は、映像を見る段階だけではなく、準備運動のような呼吸法や、エネルギートレーニングの時間があります。一度、エネルギーエクササイズが始まったら、冷静に時間を見て記録するのは難しいので、一番初めにエクササイズを始めた時間を書いておきましょう。その後、すべてが終わった時間を記録しておくとよいでしょう。

◉自宅以外の場所

場所は、普通の生活をしていれば、自宅のことが多いと思います。その時は無記入でもよいですが、旅行先や友人宅、カフェなど自宅以外で水晶透視をしたのであれば、きちんと場所を記しておきましょう。その場所の歴史だとか、その場所で過去に起こったであろう出来事を映像で見ることはよくあります。

私は水晶透視講座や練習会を定期的に開催していますが、参加者の中で、その時使用している水晶球が掘り出された場所らしき鉱山の景色をスクライング中に見る人は思いのほか多いです。

また、有名な神社やパワースポットの近くでスクライングをすれば、その場所に関連した神様のヴィジョンやメッセージを受け取るということもあるでしょう。時間と空間は、ヴィジョンワークにとって非常に大切な要素なのです。

◉天気

天気も必ず書いてください。一般的には雨の日は水晶透視に向かないなどの意見もありますが、毎日記録していけば、自分なりのルールも見つかりやすくなるでしょう。普段よりも映像や印象を受け取れないようなことがある時、その理由は天気かもしれないのです。

◉使用した道具

初めのうちは、道具は水晶玉一つかもしれませんが、徐々に増えてきた場合、その日に使用した道具を記録しましょう。どの水晶球で、またはどのツールで映像を見たのか。水晶透視の練習が長時間の場合は、一つの道具だけではなく、数種類の道具を試して、しばらくしてから映像が出てきた、ということはよくあります。どのツールで見たのかをはっきりさせておきましょう。

◉質問

どのような問いかけをしてから、練習を始めたのかを書き記しておきましょう。


「今月の私は、どのような感じですか」

「私は、今年中に結婚できますか」

「2020年は、私にとってどんな年になりますか」

「2020年は日本にとって、どんな年になりますか」

などです。


また、何も問いかけしないでスクライングの練習をすることも大切です。その場合は、「フリー」、「問いかけなし」などと書いておきましょう。

◉答え

問いかけをして水晶球を見始めたならば、その答えを書いてください。空想のような「見えている気がする」ヴィジョンがいつも見えるとは限りません。くっきり、はっきりとした映像となるとなおさらです。ヴィジョンが調子良く受け取れない時は、色や形で受け取るようにするといいでしょう。

色もよく見えない時は、「見えた気がする」色を記録しておきましょう。

何も問いかけをせずに、水晶透視の練習を始めた場合は、その時に起こったこと、見たものなどを思いつく限り記録しましょう。

水晶透視で問いかける質問は、未来のことも多いため、せっかく映像が答えを見せてくれたとしても、すぐにはその意味がわからないことが多いものです。時々、過去の記録を見返して、その時に見たものは当たっていたのか、現実はどんなことが起こったのか、あるいは起こらなかったのか、などを検証してみてください。この繰り返しが水晶透視の質を高めてくれるのです。

◎五段階でスクライングが上手くいったかどうかを書いておこう

見えた映像を五段階評価して、一番見えた状態を5、見えなかった状態を1として記録をつけると後々、ノートを見返した時にとてもわかりやすいです。

水晶透視の映像は、自分のエネルギー体で見る映像なので、他者と見せ合ったり、比較したりすることができません。ですから、五段階評価も自分の中での、ということになってしまいますが、これを書いておくと、自分のスクライングのコンディションが良いか悪いかが一目でわかります。

5の設定は人それぞれの部分もありますが、「実際に、自転車に乗れている人が、今、私は自転車に乗っているでしょうか？　と聞くことはない」というのを目安にしてもよいでしょう。

水晶透視でも、はっきりとした映像を見ている人が、「これははっきりとした映像なのかな？」と疑問に思うことはありません。この疑問に思うことなく映像を見ている状態を5とするのもよいと思います。

ステップ7……水晶透視の練習を2、3時間やってみよう

水晶透視の練習は初めのうちは10分程度がよいでしょう。これでも長いと感じる場合もありますし、練習時間には個人差があります。無理をせずに5分10分から始めて少しずつ長くしていきましょう。

私は、初めてのはっきりとした明確な映像を見るまでは毎日数時間の練習をしていました。数時間の練習はぶっ続けの時もありましたが、朝1時間、夕方から夜にかけて2時間くらいの時もありました。

水晶球や黒鏡などその時持っていたスクライングの道具を自分の前に三つから四つを置き、一つ目の道具が映像を見させてくれそうになかったら次、またその次……とローテーションのようにして次々と道具を変えながら練習しました。

初期の頃の私は、クラックや靄を利用して、「見えた気がする」という段階を「映像を見た」と見なさないで練習していたので、「今日も見えなかった」という日々が続きました。

「見えそうだけど、今日も見えなかった」「そろそろ映像が出てきそうだけど、あたかも次の瞬間に、映像が出てきそうだけれども無理だった」

このような段階が続いたのです。

3時間の練習はライトボディ（エネルギー体）を強化する瞑想やエネルギーワークを、水晶を見つめる時間との間にどんどん入れていきました。この順番は、ランダムでソースはチャネリングです。今、この段階でこの瞑想法をやったほうがいい、このエネルギーワークをしたほうがいいというような指示に従いながら進めていきました。ですから、3時間の水晶透視の練習といっても、ただ一つの水晶球をひたすらじっと眺め続けるというものではなかったのです。

◎グループで映像を見る練習をしてみよう

イギリスの私の水晶透視の先生が話してくれたことです。その昔、巨大な楕円の形をした黒曜石の鏡で、グループでスクライングをした体験があるそうです。8人くらいで、一緒にその一つの鏡をスクライングすると、メンバーの誰もが同じような映像を見るので驚く、と話してくれたことがあります。

私たちは無意識を共有しますし、同じ時代に生きている者同士は、同じ夢を共有していると考えることもできるかもしれません。時々は、同じ興味を持つ仲間と水晶透視やスクライングをする時間を作ると、スクライングをする時の自分独自の癖がよくわかり、良い学びとなるはずです。

大きなスクライングのツールがあれば、その一つの道具を数人で同時に見る練習をするのもよいでしょう。

◎道具によって、見ることのできる映像は違う

また、水晶球や黒鏡などスクライングの道具はたくさんありますが、それぞれ見ることのできる映像は少しずつ違います。

私は、初めて鮮やかで、呼吸をしているようにうごめく色を見たのは水晶球でしたし、初めてのくっきりとした明確なテレビと変わらない映像を見たのは黒鏡でした。

読者の皆さんも、水晶玉だけ、黒鏡だけととらわれずにいくつかの道具を使ってみることを強くおすすめします。また第四章で紹介してある、雲や水などのスクライングもぜひ試してみてください。

第四章　スクライング・リーディング力を高めるために

スクライングの象徴解釈の基本ポイント

◎まずシンボルに慣れよう

続いて、実践した水晶透視やスクライング映像を解釈の仕方を考えていきます。

シンボルに慣れ、解釈するには多少の時間がかかりますので、不安に思うかもしれませんが、初めのうちは見たものの意味がさっぱりわからなくても、焦ったり無理をして意味をこじつけたりしないようにしましょう。

水晶透視の映像には奇想天外なモノも多く、今まで通常の意識では、想像したこともないような映像をありありと見ることも多いのです。映像を見たその瞬間は、それが意味することが全くわからないというのはよくあることで、何日も経ってから、時には数年経って初めて腑に落ちるということもあります。

またスクライングで具体的でわかりやすいストーリー仕立ての映像を見る、または見えたような気がする、という場合も多いのですが、主観によりこうであってほしいという願望を投影してストーリーを自我が引っ張っていないかよく注意を払い、自分と見たヴィジョンを分析してください。

さらに、どちらがより重要ということでもないのですが、一般的には、映像が具体的であればあるほど物質次元に近い映像を見ていると考えられ、抽象的な映像、例えば渦巻きをずっと見ているだけ、などのほうが高次領域にアクセスして映像を見ていることが多いといわれています。

◎網の目状の地球グリッドの線

水晶球や黒鏡を見始めるとわりにすぐ出てくるのがこの方眼紙のような細かい線です。これは水晶球や黒鏡の一部に映像が出るというのではなく、これを見る時にはいつでも、水晶球や黒鏡全体に映ります。しばしば、水晶球や黒鏡の範囲を超えて、テーブルや床にまで見えることもあります。これを見た時には、地球のオーラ体、エネルギー体と繫がったと考えるとよいでしょう。

このグリッドは、地球全体に張り巡らされているといわれています。この細い線は、水晶球でしたらごく薄い灰色など、微細な色彩で現れることが多いです。また薄めの

色彩ですが、カラーの時もありますので、
・紫の線の場合…より霊的に接続している
・緑の線の場合…より心で接続している

などと色別に解釈することもできるでしょう。

通常は、はっきりとした映像の前段階として、水晶を見始めてから早い段階で見ることが多いのですが、延々とこの方眼紙のようなグリッド線を見るだけの時もあります。黒鏡で見るとこの線の色が鈍い茶色で、金網に見えることがあり、地球に閉じ込められているように感じることがあります。

◎レコード盤のような細かい同心円状の線

方眼紙のようなグリッド線と同じく、水晶球や黒鏡を見始めるとまもなく同心円状の細かい線が無数にあるレコード盤のようなものを見る時があります。通常その線の色は、非常に薄いですが、稀に鮮やかな色の線を見る場合があります。

アカシックレコードともいえるこの映像は水晶透視で映像を見るその前の前座のようなものです。グリッドと同じく、線の色で、特にどのような領域にアクセスしているのかを解釈することができるでしょう。

◎霧や靄や光の位置で解釈する

具体的な映像を見る前に、水晶上に煙や霧のようなものや光などを見ることはかなり多いです。水晶透視に特に興味のない、私のサロンを訪れるクライアントさんや友人でも、水晶から湯気のように立ち上る煙だけはすぐに見たりします。かなり一般的に見られるのが煙や霧、光なので、まずはそれらが水晶球のどの位置かによって意味を解釈してみましょう。

例えば「上か下か？」という質問をしてみましょう。

「この土地の値段は、1年後に今より上がっているか、下がっているか」という問いかけがあったとします。その時に水晶や道具に光が見えた場合、どの部分に見えたかで判断することができます。「真ん中から上部なら、上がる」「下部に見えたなら下がる」と解釈します。

また、前にも少し触れましたが、イエスかノーかの問いかけでは、例えば向かって左半分がイエス、右半分だったらノーと決めておきます。

「来週、彼に会えますか？」という問いかけをするとします。

左半分が明るく感じたり、光ったり、きらきらとした砂のようなものが見えたらイエスで会える、右半分だったら会えない、というように解釈しましょう。

こうして、くっきりとした明確な映像を見ることがなくてもスクライングを日常に活かすことができます。

◎色からリーディング

水晶透視の練習では最初のうちは、具体的な形などは見えずに、色だけのことも多いでしょう。誰もがなじんでいる色ですが、その色が暗示している意味をここでもう一度整理して、水晶透視の時に見た色から、あるいは見えたような気がする、と感じた色からリーディングをしてみてください。

また、水晶や黒鏡に見えた色は、そのまま見つめているだけではなく、色のイメージを広げたり、その色の中にイメージの中で入ってみて、どのような感じがするのか、さらに色の中で問いかけをしてどのような答えが返ってくるのかでリーディングをしてもよいでしょう。

黒…謙虚さ、悲しみ、危険、終わり。
白…純潔、霊性、無垢。
赤…情熱、グラウンディング、怒り、事故、危険やハプニング、物質。アグレッシブな状態。怒りやすくなっている。または人から怒られる可能性。対人関係のトラブルや、アクシデントに注意。他人のことよりも自分を第一に考える時、または考えている時。

水晶透視関連の本では、赤色を見ると「凶兆」であると書いてある本が多いですが、決めつけずに、その色をよく見て感じ取ってください。

明るめの赤で、見ていて気持ちが良くなるような綺麗な赤だったら、活動的になるとよいというアドバイスなど、ポジティブに解釈することができます。暗い赤で、気持ちが滅入るような赤だったら、アクシデントに注意、と読むこともできるでしょう。「赤」というざっくりとした一つの象徴に、当てはまるものは無数にあります。スクライングで見た赤色をよく感じて、直感を駆使して、解釈するようにしましょう。

オレンジ…甘えたい気持ち、依存、情愛。受け身な気持ち。楽しいことが起こりやすい。対人関係。人に甘えすぎたり、もしくは甘えられたりすることで問題が生まれやすい時。共依存からくるトラブル。

赤に引き続き、水晶透視ではあまり良い色とされていないことが多いようですが、一般的な色占いなどでは吉凶が読み手により分かれることの多い色です。オレンジ色を幸運の色としている専門家もいます。

注意点としては、他者に依存せずに、自分の足で立って歩くことです。今、あなたが信じている意見や決断は、他の人の意見の受け売りではないですか？　自分でしっかりと感じ、考えて、あなたから出た意見や決断で生きていきましょう。友達とのメールのやり取りなど、人との距離感のバランスを取ってください。

黄色…直観力、健全な意志、太陽。自分の意志が明確で、迷いがない状態。外に発信するプラスの力がある。自我が強すぎる。自己主張が強すぎて、周囲から受け入れられない。独りよがりな状態。

黄色も水晶透視では、凶兆とする研究家が多い色です。

緑…心の広さ、健康、人間関係、愛。心が外に向かって開かれている状態。良好な人間関係。優しい心。心が静かで落ち着いている。満たされている。人のことを考えすぎる。人から影響を受けすぎる。

人の意見に振り回されていないか、確認しながら進むとよいでしょう。

青…知性、知識、浄化、内省、精神的。向上心がある状態。勉強や研究が進む。知性豊か。自分の主張にこだわる姿勢。

藍色…強い集中力がある状態。純粋さ。自分の世界に引きこもる。

紫…霊感、高貴さ、霊力、思慮深さ。高度な知性。最高の色。願いは叶う。自分の本当の望みを知ることができる。霊的な達成。

◎数字からリーディング

スクライングをしていると、具体的な数字を見る場合や、インスピレーションが湧いてくる時があります。それは、質問に関係した具体的な年や日時や年齢、番号と関係があるかもしれません。また数字独自の意味もあるので合わせて解釈します。


0…永遠、無限性、未知の可能性。どこにも属さない。

1…始まり。創造性。決断する。陽の力。何かが生まれる。

2…動かない。均衡を保っている状態。二面性。葛藤。迷い。

3…拡大する。発展する。大きく広がっていく。生産性。休みなく増やす。

4…安定する。土台。安心感。家族的な共感。

5…大胆さ。ドラマチックな出来事や表現。スピード感。行動する。情熱をそそぐもの。放出する。

6…調整する。呼応する。人間関係での調和。バランスが取れている。美しさ。

7…アクティブな様子。揺れる。喜び。ハプニング。

8…集中している。溜め込む力。内省する時。忍耐。

9…カリスマ性。極まる。探求している。旅。精神的。

◎**文字からリーディング**

自分が知っている文字だけではなく、古代文字や神聖文字のような見たこともない文字がはっきりと映像として出てくることがあります。くっきりとした映像が動画のことも多く、文字がダンスをするようにくるくると形を変えていくので、なかなか文字の形を特定するのが難しく、書き留めることができません。言葉や文字が、エネルギーであることを実感する瞬間です。見たことのない文字は、できる限り書き留めて、後でインターネットや本で調べてみてください。

古代文字や神聖文字…フェニキア文字、ルーン文字のような古代の文字を映像で見ることがあります。それは、あなたの前世に関する情報かもしれないですし、縁ある土地のエネルギーに接触して、それが文字としてエネルギー化されたのかもしれません。文字はたいてい、動いているので、それを止まった形で記録をするのは至難の業ですが、一文字でもいいので、覚えている努力をし、書き留めましょう。その文字に似たような文字が存在するのかどうかを調べてみるとよいでしょう。

日常で使っている平仮名や漢字などの文字…漢字や平仮名が出てくる場合でも、意味の通じる文章になっていることは大変に少なく、解読が必要になってきます。数文字を見ても、その1、2文字しか覚えていられない場合も。いずれにせよそのままでは意味をなさないことが多いので、急いで結論づけずに、数日かけてその意味を探っていきましょう。

◎動物・植物からリーディング

馬…力、感情、運命、行動力、性衝動、自由性、スピードの象徴です。スクライング映像で馬を見る時、スピーディーに物事が起こる可能性があります。また感情が高まっている時でもあるでしょう。馬の状態によっては、感情的になり過ぎて短絡的な行動に注意が必要な場合もあります。

ライオン…太陽や、太陽神、また王様のシンボルでもあります。一般的にエネルギーの高まりや成功を象徴します。

魚…魚は豊穣や豊かさ、魂、完全性を表します。また無意識の象徴です。スクライング映像で魚を見た場合は、その魚の数や方向などを覚えておいてください。

蛇…生命力や永遠性を表します。破壊と再生のシンボルでもあります。脱皮のタイミングだと伝えているのかもしれません。大きな転換期を迎えている可能性があります。

猫…ライオンが太陽を象徴するのに対して、猫は月を象徴。魔女の使い。直感力。自由性。

犬…献身。寄り添うこと。良き仲間やパートナーを必要としている可能性。

白い動物…神の使いを象徴します。また幸運を表します。何か大切なことを伝えにきているのでしょう。映像が安定して見えているのならば、その動物にどんなメッセージを伝えにきたのか尋ねてみるとよいでしょう。

花…愛と豊かさと調和のシンボルです。映った花がどのような状態かに注目して下さい。つぼみですとこれから花が開く、スタートの状態と言えますし、枯れている花だと怠慢や倦怠、飽和している状態を象徴しています。

バラ…スクライングをしていて見ることの多い花はバラです。一般に幸運や愛情を暗示します。また高貴であること、波動が高いことの象徴です。バラの花の色でも意味が変わってきます。

遺跡・建物…古代の遺跡や建物が映像に出てきた場合は、その建造物が自分の前世や魂のルーツと関係があるのかもしれません。またその遺跡が有名な建造物であり、特定できる場合はその遺跡がある地域との縁を探ってみましょう。国や文化、言葉なども合わせて調べてみると大切な記憶がよみがえってくるかもしれません。

寺院・神社…神聖な魂や、静かな心を象徴します。また、映像に出てきた神社などに祀られた神様からのお告げやメッセージかもしれません。祭神をよく調べて、どの系統の神様なのか調べると手掛かりになります。見覚えのある場所、写真などで見たことのある場所なら、実際に訪れてみるとよいでしょう。そこで一人の静かな時間を過ごすことで、スクライングで見たヴィジョンの新たな展開が生まれるかもしれません。

扉・門…未知の世界や、新しい世界の入り口です。これから何か新しいことが始まる、チャレンジが始まる暗示かもしれません。

その辺の風景…例えば居酒屋の入り口に入っていく人など、あたかも今この瞬間に、どこかで行われている光景や風景を見ることがあります。それは日本や地球のどこかに実在する場所で、実在する光景です。このような映像には通常それほど深い意味はなく、リモートビューイングをしている状態と捉えてください。

◎地球以外と思われる惑星

なんとなく地球以外だと感じるような景色を見ることがあります。海や湖がどことなく地球のとは違う、海の色が紫だったり、地球上にはいないような動物を見たりするのです。そういう時は、その景色に、「私は今、どこの星の光景を見ているのでしょうか」と問いかけてもよいでしょう。
このような景色をワンシーンでも見ることができたら、そこから無限大に映像やインスピレーションを広げることができます。情報の源泉に触れたということなので、色々な情報が引き出せる可能性があるのです。可能な限り、その景色を覚えておいてください。自分と縁のある星々の探索にも水晶透視は使えます。

◎アイテムからのリーディング

指輪…契約や結婚の象徴。誰からもらったのか、また指輪の大きさや雰囲気から、意味を解釈しましょう。

スマートフォン…自分以外の何かと接続する。つながりたい。大切な連絡が入るという象徴。

ダイス…賭け事。ギャンブル。大きな勝負に出たい。または世に打って出るチャンスだと告げている可能性。1から6までの、どの数字が映っているのかに注目してください。それによって意味が変わってきます。

布…布はエーテル体やエネルギー体を象徴します。衣服も見えない体の象徴、エーテル体を象徴します。布の状態でエネルギー体のコンディションがわかるかもしれません。また布はベースや土台も表します。

糸・リボン・長いもの…縁をつなぐもの。意図。あなたの中で、まだ知覚できていない縁や意図が動き始めているかもしれません。また意図やリボンが散乱しているような時は、考えがまとまっていないと読むことができます。また長期タームで取り組むべきことなどを表します。

人物…スクライングをしている時に人の顔はわりによく出てきます。ほとんどが見知らぬ人の顔で、時には毛穴さえ見えるのでは、と思うくらいにアップで見ることもあります。また、ぼんやりと輪郭のようなものだけ見える場合も。映像の中で、その見知らぬ人と何かをするということはなく、顔だけがひたすら出てくることが多いです。水晶球や黒鏡に映っている顔の人物に向かって、話しかける、というのをやってみるとよいでしょう。

人によっては、映像を見た半年後くらいに実際に会うということも稀にあります。絵が描ける場合は、顔の特徴を細かく記録しておくと、助けになるでしょう。また、映像で顔を見た相手だからといって、実際に会った時に、関係が大きく発展するというようなことも特にないようです。

◎解釈のポイント

1．すべてを個人的なことと捉えない

水晶透視は、その時の全体的な空気感、占星術でいうところのトランシットのようなものを映像やインスピレーションで受け取ることがあります。また、水晶透視を行なっている、土地のエネルギーにも影響を受けることがあります。不本意だと感じた

り、あまりにも異質なヴィジョンを見たら、そのような影響を考慮するのもよいでしょう。また、思うように問いかけの答えを受け取れない場合は、自分以外の影響を考え、何日か置く、あるいは時間帯を変えてリトライしてみてもよいでしょう。

2. あなたはあなたが見た物とイコールではない

水晶透視や水晶透視直後に見る夢やアストラルの体験は元型的で神話的、そして神秘的なものが多く、私たちの心を揺さぶります。夢の中に、アストラル界の存在と思われる生き物が現れたり、アドバイスをしてくれるガイドのような存在が現れたりするかもしれません。このような存在を、水晶透視をしている時に、映像で見ることもあるかもしれません。

そのイメージが非常に強く、感情的に強く惹かれることもあるでしょうが、あなたはあなたが見た物とイコールではないのです。

見たものがそのまま自分のアイデンティティにならないように、常に注意を払いながら、水晶透視の練習を進めていってください。水晶透視で見た映像は、映像として記録できるものではなく、見ている最中でさえ、隣に座っている人に同じものを見せることはできません。他者が確認しようのない世界だからこそ、見た物を正確に把握し、表現し、解釈することを心がけます。

見たものを実際以上にオーバーに表現すること、解釈することがないように普段から気をつけていきます。

夢やヴィジョンなどの変性意識と、実生活は繋がり合っています。自分も他人も偽ることとならないように、見たものをそのままに扱うことを心がけます。

映像やヴィジョン、インスピレーションが放つ微細なサインに気づいて、それに耳を傾ける勇気と同時に、それらと自分を同化しない客観性を保つことを気に留めます。

3. 水晶透視の映像は、世俗的な問いかけには答えないことも多い

水晶透視で明確な映像を見る時は、高次の世界にアクセスしている時でもあり、そんなときに、あまりにも世俗的な質問をしている場合は、それに高次世界が応えない、回答しない、ということが多いです。映像がくっきりと明確であればあるほど、扱う世界は抽象的になる傾向があるのはそのせいかもしれません。

エネルギー体に「色」をストックしよう

解読方法で、色の説明を少ししましたが、ここでは色についてもう少し深く掘り下げていきましょう。また、見ると決めたものを見る練習も大切です。

◎多くの人が初めて見るのは「色」？

水晶透視をして、初めて明確に見たものは鮮やかな色だった、というケースは多いでしょう。水晶の中や周囲に、自分のテーマカラーともいえるような思い入れのある色や、得意な色を見る傾向があるようです。

水晶透視で色を見るということは、自分の真の生命力ともいえるエネルギー体に接触するような意味合いもあります。私自身は、鮮やかなマゼンタ色や生き生きとしたグリーンをよく水晶に見ます。初めて水晶球に見た色もマゼンタ色です。二つとも私の好きな色で、特にマゼンタ色は、私をイメージするときにぴったりの色だと他者からよくいわれる色でもあります。

初めての鮮やかなマゼンタ色を見た後は、グリーンを見ました。その次には空色、アイスブルー、黄色……と少しずつ色鮮やかに映る色の数が増えてきました。

人体に散りばめられている、エネルギーセンター、チャクラの色は7色ですが、この7色の中で鮮やかに見ることが難しかったのは、赤色やオレンジ色です。

これは人それぞれ、相性や好み、普段どのように生きているかで変わってくるでしょう。活動的で働き者、グラウンディングができている人は赤や黄色をより頻繁に見るでしょうし、精神世界にどっぷり浸かるような生活を送っている人は、深みのある青や紫を他の色より、見やすいと言えるでしょう。

また、スクライングに使う石やツールによっても見る色は変わってきます。石の個性や性格が色に反映されるのです。透き通るように深く、真実を見通すような雰囲気が漂ったアイスブルーを見たのは、ヒマラヤ産の水晶クラスターをスクライングしていた時です。クラスターなので、全体をぼんやりと眺めていました。すると、このクラスターを取り囲むように、優しい色調のアイスブルーを鮮やかに見ました。

個性的な雰囲気の石は、個性豊かな色彩を見せてくれますし、その石にとって得意な色、見やすい色というのもあるようです。

水晶透視やスクライングをする時は、そのようなことも考慮しながら解読、リーディングをすると、より正確な答えが得られるでしょう。

特に、質問をすることなく、無の境地ともいえる深い意識に入っていくような時に見る色は、その時の自分のエネルギー状態を表していることが多いのです。「その時の」という言葉を忘れないようにしてください。私たちのエネルギー状態は日々違ってくるので、見る色もその時々によって少しずつ変わってきます。時間と空間に左右されるのです。

同じ水晶でも場所が違えば、違う物を映し出す可能性がありますし、昨日と今日で、天気や占星術でいう天体の配置が異なる場合は、全然違う雰囲気の映像を見ることもあるのです。また、同じ緑色でも、濃かったり薄かったりと日によって微細な違いがあるものです。水晶の中や周囲で生き物のように美しく振動し、脈打つ色を、楽しみながらスクライングをしてください。

またこれから水晶透視を始める人は、初めて見る色を予想しても楽しいと思います。それはあなたにとってなじみのある色でしょうか。

それとも全く予想とは違う色を見るでしょうか。

◎見ることのできる色を増やしていこう

色は、水晶透視やスクライングでなくとも、占いやリーディングをする上では誰でも、比較的簡単に使えるスケールのようなものです。しかし、上手に使うためには、ちょっとしたトレーニングが必要になります。

なぜかというと、初めのうちは、自分が得意な色を、頻繁に見る傾向があるためです。そのために、どんなに異なる問いかけをしてスクライングをしても緑色しか見ることができない、というようなことが起こり得ます。

「今年中に結婚できますか？」……緑。

「来年の私の調子はどうですか？」……緑。

というように。そういう時は、今日の緑色は鮮やかでエネルギッシュだった、またこの問いかけの答えの緑色は、少し暗めで元気がなかった、など緑色の濃淡や色の動き具合でリーディングするという方法もあるでしょう。

緑色にも無限のバリエーションがあるので、その微細な違いを的確に読み取ってリーディングをすることは可能でしょう。しかし、特定の色しか出てこない、映像が映らないということは、あなたの知覚に好みや偏りがあるのかもしれません。個性や癖と呼んでもいいのですが。

水晶透視には海のような広い心と、インテグラルな視点が大切になってくるのです。何を聞いても、何を見ても、自分のことと結びつけずにはいられない、自分と切り離して考えるのが難しい、何を見ても自分と結びつけて考えることしかできない、という状態から自由になるためにも、水晶透視で見ることのできる色を増やしていきましょう。

これは自分の精神性を広げること、キャパシティを広げることに繋がっていきます。

◎「色を見る」トレーニング

まんべんなく、「色を見る」トレーニングをしていきましょう。

水晶透視のリーディングに使えるようにするために、基本的な色彩を自分の中に揃えるエクササイズをします。これは絵を描くために、絵の具の色を最低何色かは揃えましょう、というのに似ています。自分の中に色を揃えるということは、統合的な自分を作るということに結びついていき、精神的にもあなたの内面は統合されていき、影響があるはずです。感情がより豊かになり、対処できる問題も以前より大きくなり、いわゆる器の大きい人格に変容していくでしょう。

ある程度の色を揃えて、無理なく色々をビジュアライズする、明確に水晶に見ることができた時、水晶透視で問いかけているテーマを客観的にとらえることができます。一つか二つの色に同一化している自分から離れ、客観的な視点を持つことができたのです。この時に、色を用いたスクライングでより精度の高い、客観性のある答えを得ることが可能になります。

見たい色、見ると決めた色を水晶球の中や、周囲に見ることができ、それが当たり前になると色による精度の高いリーディングができます。

エクササイズ❶ 色を探してみよう

まずは色に慣れるエクササイズをしましょう。私たちは通常、同じような色味にしか慣れていないことが多いものです。無意識のままでいると、何かを新しく買う時も、似たような色味や雰囲気のものを選ぶことがいかに多いか、意識しない限りは気づきさえしないことが多いはずです。

例えば同窓会などで、久しぶりの友達に会うと、10年、20年と経っているのにもかかわらず、雰囲気や持ち物の傾向がほとんど変わらずにそのままだと感じることはありませんか？　意識せずにいると、ずっと自分の癖のような嗜好をそのままずっと引きずりながら生きていたりするのです。

色の好みに限らず、私たちは自分で自分を閉じ込めているような、かなり限定された範囲の中で生きていると考えてもよいのかもしれません。好みの色は、時々変わることもありますが、ここでは、スクライングのことはしばし忘れて、自分がなじんでいると感じられる色のバリエーションを増やすエクササイズをしていきましょう。


体をリラックスさせて、目を閉じてしばらく瞑想をします。

水晶を手に持ってもよいでしょう。

10分ほど瞑想をしたら、目を開けます。

部屋の中にいるのならば、その部屋の中で、赤い色を探してください。

オレンジ色を探してください。

黄色を探してください。

緑色を探してください。

青色を探してください。

藍色を探してください。

紫色を探してください。

どの色が最も見つけやすかったでしょうか。

またどの色が最も見つけにくかったでしょうか。

違和感のある色はありましたか？

見つけたとしても、見ていたくない色はあったでしょうか。

自分がなじめない色、あまり得意でない色は見つけにくいかもしれません。

見つけても見続けるのがなぜか苦痛。そんな色はあったでしょうか。

私はよくこのエクサイズを、カフェで人を待っている時や、電車を待っているようなちょっとした時間にしていますが、初めのうちは部屋の中でやるとよいかもしれません。

エクササイズ❷ 色を呼吸して、感じよう

水晶透視で色を見るようになると、その色は単一ではなく、緑を見ていてもその緑に濃淡があり、蠢いていて、まるで呼吸しているようだと書きました。ここでは、その性質を利用して、色を皮膚呼吸するようなイメージのエクササイズをしましょう。始める前に、水晶球を自分の目の前に置いてください。紫色から始めます。

紫色をしていて、美しいと感じる物を見てください。

その色が、自分の体の周りをオーラのように取り囲んでいることを感じます。

息を吸って……その色を全身のオーラで吸い込むようなイメージをします。

息を吐いて……その色をオーラが吐き出すイメージをして下さい。

初めのうちは、あまり好きではないと感じる色は、自分に強制せずに、飛ばしてしまっても構いません。無理のないように始めて、続けてください。これを6回続けてください。

目を開けて、紫色を見ているとイメージして下さい。

この手順で、次は藍色、青色、グリーン、黄色、オレンジ、赤でやってみてください。一度に全部できなくてもよいです。また、自分が弱いと感じる色を集中的にやっ

てもよいでしょう。また、色は必ず自分が本当に美しいと思える色味でやってください。赤も黄色も無限のバリエーションがあります。

このエクササイズの終わりには、必ず透明で、キラキラとした白銀色が自分を取り囲んでいると想像して下さい。その色を全身のオーラで吸い込み、吐き出すイメージを6回やってください。

◎水晶球に見えづらい色でわかるあなたのコンディション

水晶球に見ようとしても、うまく見えない、イメージできない色があります。また見えるような気がしても、その色が絵具を薄めたような薄い色だったりします。その色であなたの今の状況がわかります。またこのコンディションは変わることもあります。色になじむエクササイズを頻繁にやってみて、自分の状態をマメにチェックするようにすると進みが早いはずです。

赤…地に足がついていなくて、関心が精神世界や心に偏り過ぎている状態です。生活が夜型になっている場合も。生活の時間帯をなるべく普通にしてください。また日光浴をするとよいでしょう。

オレンジ…誰とも繋がっていないと寂しさを感じていることも。甘い物やアルコールなど依存できる物や人を求めているかもしれません。信頼できる人とそうでない人を見極めて、じっくりと関係性をつくっていけるような友人を見つけるとよいでしょう。

黄色…自分がどのように生きたいか、進みたいのかがよくわからない状態です。自分の人生や、望む道について考える時間を持ち、望みを言葉にする時間を持ちましょう。日記やブログを書く習慣をつけてもよいでしょう。発信する癖付けをするのです。

緑色…誰にも心を開けない、開きたくない時なのかもしれません。また過去に人間関係で傷ついた心が完全に癒されていないのかもしれません。家族や信頼できる友人とゆっくりした時間を過ごすとよいでしょう。

青色…本心を言うのが怖いと感じている時です。そのことに気づいてすらいない可能性も。また本当のことを言って揉めるくらいなら黙っておこうという姿勢で生活しているかもしれません。まずは自分の言いたいことを信頼できる人だけに話しましょう。

藍色…本当の自分に気づくのが怖いと感じているかもしれません。物事をロジックで片づけたいと考えがちです。月光浴をしてみてください。少しずつ進むべき道がわかるようになるでしょう。

紫色…誰にもサポートされていないと孤独を感じているかもしれません。また自分以外の人や、超意識からの助言に耳を傾けられないようです。一人の時間を持って、瞑想をするとよいでしょう。

なかなかなじむことのできない色を意識し、向き合っていくことで自分自身がより統合されていきます。そうすることで水晶透視の時に映像が見やすくなるだけではなく、思いや性格の癖がなくなっていき、生きるのが楽になってくるはずです。

◎生き物のように振動する色たち

水晶透視で見る色彩は驚くほど豊かで、鮮やかで、まるで生きているようです。折り紙のような平面的な一色の色ではなく、同じ緑色でも無限のバリエーションがあることに気づかされ、驚かされるでしょう。本当に生き生きとしているからです。

一回、水晶透視で、はっきりくっきりとした鮮やかな色を見てしまうとその色は、自分のエネルギー体にストックされます。エネルギー体、光の体とも呼びますがその見えない第二の体が、記憶します。

これは自分だけの「光の書」のようなものです。一回記憶すると、基本的に、エネルギーの体である光の体はそれを忘れません。光の体にストックされると、その色は必要な時に、いつでも取り出して利用することができます。

例えばあなたが、他者や自分自身の調子が悪い時に、ヒーリングをする時などにも使えます。弱まっているチャクラを強化する時にも、このストックの色があると非常に使いやすいのです。

また、私は水晶透視講座の時には、色を見るエクササイズを参加者の人たちと一緒にしますが、その時にはこの光の書から、想像上の筆を使って色を持ってくる、というようなことをやります。筆で、水晶球に色の点を打ち、それをイメージで、パソコンのマウスでドラッグするように拡大していくのです。そうすると、水晶を見始めてからそれほど時間がかからずに、水晶に鮮やかな色を見ることができます。

どんな映像でもそうですが、水晶球の大きさを超えて大きく映し出されることが多いです。水晶の中だけをじっと見つめているのではなく、水晶球の周りや前後左右などにも視界を広げておきましょう。

水晶上に色をくっきりと明確に見るときには、どこまでが水晶球で、どこまでが自分の手や指で、どこまでが部屋の空間なのか見分けがつかなくなるほどに、鮮やかな色が水晶を中心として大きく広がります。

色は、折り紙や画用紙のように色が単一で、止まっているということはなく、ほとんどの場合、常に蠢いていて、振動していて、動きながら色の強弱を作り出します。

時には、マゼンタと緑と黄色、というように蠢きながら何色かで少しずつ色を変えていくこともあります。色はまさにエネルギーで、私たちの住むこの世界は、何物も何事も、一瞬たりとも静止していないことを実感する瞬間です。

このように色が蠢いてくると、どこまでが水晶球で、どこまでが持っている自分の手で、どこまでが空間なのか見分けることができなくなります。時には、水晶球の範囲を超えて、その水晶を持っている手にも色、または置いているテーブルにも色、そしてそれを超えて、床や空間にまで広い範囲にわたって、色を見ることがあります。

ドイツの神秘思想家のシュタイナーは人のオーラを見る時に、オーラのみがリアルに見えて、物質の肉体が見えなくなることがあると読んだことがあります。私自身は、人の体を見ている時に、実体の体が見えずにオーラしか見えなかったという経験はないのですが、しかしそのシュタイナーのオーラのみが見えるというその体験のニュアンスを、水晶透視を通じて感じることがあります。

真の生命力のほうをメインに見て、物質のほうが見えなくなるということなのです。真の生命力ともいえるエネルギー体のほうが優勢の時に、こういうことが起こります。

◎初めて水晶に色を見た時の話

２０１１年の秋のことです。

その時は、まだ無色透明の水晶も持っていなくて、30ミリあるかないかくらいの、クラックがたくさん入った水晶玉を使用して練習をしていました。寒くもなく、暑くもない過ごしやすい一日の終わりに、スクライングの練習をしていました。部屋の窓を開けて、窓の近くでやっていました。風向きのせいだったと思うのですが、隣の部屋の人のたばこの煙が入ってきました。珍しいなあ、と感じたのを覚えています。

そして風に乗って、隣の人の声も聞こえてきました。猫に話しかけていたのです。「たまちゃん、毛が綺麗だね」と。その瞬間に、持っていた水晶球にいきなり色が映し出されました。なんというか、いきなり現れた魔王さんのような感じです。それは、当時の私にとっては完全に魔法でした。

その鮮やかな、マゼンタ色を見た時に、まず、「本当だったんだー」と思いました。鮮やか過ぎるほどの色を見ながら、その意識の周波数を保つことに気を配りながら、もう一人の自分はものすごく驚いていていました。

水晶球を持っている手も、指も、空間もすべて色。見えているものはすべて色だけ、そしてその色は呼吸をするように振動しています。色彩も微妙にくるくると変わり、実生活では見ることがない、鮮やかで、サイケデリックな色調です。

その時に、本当の意味では信じることができていなかったのだと気づきました。

「こんなに驚くなんて」と、色を見ながらびっくりしている自分に、心底驚きました。今までの常識、今まで自分が生きてきた狭い世界の枠に傷が入り、破れた瞬間でした。

また、色の話とは直接関係ありませんが、水晶透視の練習を続けていくと、この、今までの世界観に傷が入り、破れ、新しいものが入ってくるという体験を、何度もすることになります。

こうして、少しずつ、エネルギー体から古い癖が消えていき、新しいエネルギーが入ってくるようになります。

こうしてライトボディは活性化していきます。

水晶・黒鏡以外のツールでスクライングしてみよう

◎道具を使わないスクライングもある

世界スタンダードでは、「スクライング」は石だけを使ってやるものではありません。第一章で書いたとおり、スクライングというのは透視術というような意味で、透視術の歴史は古く、様々な方法でスクライングが試されてきました。中には道具が要らない手法もあり、誰でもすぐに、気軽にできる予知や占いとして、最近は世界的に人気です。

また水晶透視や黒鏡透視は、くっきりと明確な映像が水晶に映るのが理想ですが、世界一般では、「見えた気がする」というぼんやりとしたヴィジョンのことを指すことのほうが多いです。

私は以前、イギリス人の水晶透視家からスクライングを習いました。その時に、水晶透視だけではなく、その他の方法でのスクライングも学びましたが、このようなスクライングでは、「あたかも◯◯のように見える」という曖昧な状態や見え方を、積極的に取り入れながら意味付けしていくやり方を取ります。

ここではいくつかの簡単でポピュラーなスクライングの方法をご紹介しますが、どれもひとりで気軽にできる透視術です。時間がある時に、ゆったりとした気持ちで試してみてください。水晶透視よりも、比較的簡単に答えやヴィジョンを得やすく、スクライング初心者に特におすすめの方法と言えます。水晶透視と並行して練習を重ねていくと効果的です。

◎雲のスクライング

空に浮かんでいる雲が「何に見えるか」でスクライングをします。最近は、龍に見える雲などをSNSに投稿する人が増えてきていますが、あれもスクライングの一種と言ってよいでしょう。

空に浮かぶ雲を眺めて、積極的に「〜のように見える」という感覚とインスピレーションを使って、自分の問いかけに合うような答えに導いていきます。ある程度晴れて、青空の中に雲が浮かんでいるような日に行うのが適しています。道具もいらず、一人でも気軽に行えるスクライング方法です。

スクライングに入る前に、前述したリラックス法や呼吸法、エネルギーワークをしておくと、スクライングの精度が高まります。ほぼすべてのスクライングに言えますが、雲は止まっていることがなくどんどん動き、スピーディに形を変えていきます。そのため、「その時、その場所での特別なメッセージ」であり、特にシンクロニシティを大切にするリーディングの手法であると言えるでしょう。

雲のスクライングは、屋外で試す機会も多くなるため、スクライングの中ではカジュアルな方法です。しかし、自然界の雲という存在が、私たちが考えていることを反映しているという宇宙の法則を実感するよいチャンスにもなります。マクロコスモスとミクロコスモスは同じ。大なるものと自分個人の繋がりを感じ取ってください。これを体感することは、後々のリーディングや、水晶を使った魔術に大いに役に立つはずです。

①深くゆったりとリラックスして、呼吸を整えます。公園のベンチなどでもいいですし、家の窓から雲を見るのもよいでしょう。また芝生などに横になってスクライング

をするのもオススメですが、座っているほうがスクライングをした後の記録の時には便利です。
②目を閉じて、あなたが知りたいこと、問いかけたいことを一つ決めてください。
③目を開けて、目に力を入れずにぼうっと空を眺めます。
④いちばん目を引く雲に注目します。
⑤しばらく眺めます。それはどんな形をしていますか？　何に見えるでしょうか？　それは何を意味していると思いますか？
⑥浮かんできたインスピレーションを捉えます。そこで答えを展開させていきましょう。

原宿の東郷神社にお参りに行った時に、「この近くに事務所を借りたい」と念じたら、「いいよ」と答えるように、空の雲が金星のマークのような形になりました。

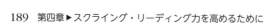

◎水盤を見つめるスクライング（ハイドロマンシー）

お皿やボウルに水を溜めて水盤にし、それを見つめてスクライングします。水は、私たちの世界では、どの文化でも、神聖なものとして考えられています。例えば古代メキシコでは、貴い天から降りてくる雨は神聖なものと考えられていたそうで、古代メキシコ人は雨水で水盤を作りスクライングをしていました。

中世ではフランス人のノストラダムスが水盤でのスクライングと占星術のホロスコープで何百年も先のことを予知していました。ノストラダムスが使っていた水盤のお皿は真鍮でできていて、それを三脚のような置き台に置いて使っていたといわれています。

また、カフナという古代ハワイの呪術についての本、マックス・F・ロングの『原典　ホ・オポノポノ　癒しの秘法』には、「カフナの間では、水を入れたヒョウタンの中に丸い黒曜石を入れ、ヒョウタンを振り、石の表面を光らせて映像が出るのを待つ習わしがあった」と書かれています。水盤占いと、石のスクライングを混合させたやり方を古代ハワイ人はしていたようです。

このようなハイドロマンシーのアレンジやバリエーションは世界中に見られます。

それくらいに水を使ったスクライングは手軽で、誰でも試すことができ、かつ答えが得やすい予知や予言の方法なのでしょう。

また『癒しの秘法』には、ロング本人がハワイのオアフ島のカフナの呪術師を訪ねた時の体験が書かれています。呪術師は、その時大きな転換期を迎え、悩みを抱えていたロングのために、ハイドロマンシーをするのですが、グラスを使用しています。グラスやボウル、私たちの日常にある手軽な道具でも、精度の高いリーディングと魔法が可能なことを物語っていて、私の大好きなストーリーでもあります。皆さんも道具を色々と試してみて、好みのものを見つけてみてください。

◎ハイドロマンシーで浮かび上がる映像の特徴

道具によって、浮かび上がる映像や印象にはそれぞれに個性と特徴があるのですが、水のスクライングで出てくる映像は、石のスクライングの時よりも、生々しい「生きている」という皮膚感覚のようなものが強いケースが多いのが特徴です。

そして一言でいうと、「何だか理由はわからないけれども、なんだか怖い」ことが多いです。同じ風景でも、人の顔でも、石のスクライングの時とは気配や雰囲気が違うのです。

スクライングのお皿は魔術道具です。人に貸したり、借りたりせずに自分専用のものを用意しましょう。いつも清潔に保管して、食事の時などに普段使いにしないように心がけてください。また、定期的に塩水や日光浴などで浄化をするようにしてください。さらに、水晶透視やそのほかのスクライングでもすすめていますが、ハイドロマンシーの場合は、特にキャンドルを灯すと上手くいくことが多いようです。

ボウルの水面を見る時には、真上から真下の水面を凝視するのではなく、椅子などにリラックスして座って、ボウルとの距離を少し取ってみてください。

ボウルに張った水は、冷たいので湯気は出ませんが、スクライングをしているとまるでボウルから湯気が立ち上っているかのように、煙のようなエネルギーが放射されることがあります。そのエネルギー的な煙が、スクライングの問いかけの答えのきっかけを作ることもあるので、それを取りこぼさずに全体的に見る視点も忘れずにいてください。

①直径10センチ程度の、お水を張ることのできるお皿かボウルを用意します。なるべ

くシンプルなデザインや模様のものを選んでください。銅などの金属製のものか透明なガラス製のサラダボウルなどがよいでしょう。

②お皿を用意したら、そこに八分目程度までお水を張ります。

③スクライングで得たい答えの問いかけを決めます。ハイドロマンシーは心の問題に強い面があるので、例えば「私はこのプロジェクトで○○さんと上手くやっていけるでしょうか？」というような質問をするとよいでしょう。

④その問いかけを忘れないように正確に言葉にしてください。できればノートに書き留めましょう。

⑤目を軽く閉じます。深呼吸を何回かして、深くリラックスして呼吸を整えてください。その後声にして、または心の中でその問いかけの文章を言います。

⑥目を開けて、水盤を見ます。

⑦10分から15分くらい続けます。目には力を入れずに、胸のあたりで水盤を見るような気持ちでリラックスしながら見つめましょう。胸のあたりに目がついているとイメージしてください。幻影や「見えた気がする」「心に浮かんできた」ヴィジョンなどを利用して、リーディングをします。

⑧スクライングが終わったら、ノートに記録をつけてください。この記録をつける、という作業でグラウンディングがなされます。もう少ししっかりと見えない世界から現実の世界に意識を戻したい場合は、温かい飲み物を飲むか、軽い食事やお菓子など、何でもいいので摂取するようにしてください。これは食べ物の質はそれほど関係ありません。食べ物の質が良ければそれに越したことはありませんが、体内と胃を動かすことが主な目的です。

庭がある家などで、雨水を溜めることができる人は、ぜひ雨水を使ってやってみてください。雨水は神聖な天から落ちてきた聖なる水。天と地を繋ぐ水。この水でのスクライングは、きっと特別なことを教えてくれるに違いありません。

◎湖や川でスクライング

水盤占いのひとつとして、自然の湖や川でのスクライングがあります。インドやチベットでは、湖を眺めながら瞑想する修行法があると聞いたことがあります。

私は出かけた時に、よく湖や川でスクライングをします。特に明け方や夕方の湖のスクライングは、自分の考えの浄化の効果と問いかけに対して精度の高い回答が得られることが多いです。周囲にお店がなく、観光客も少ない、なるべく静かな湖を選びましょう。東京なら、比較的近い富士五湖の一つ、本栖湖などがおススメです。湖から富士山が見えにくいこともあり、非常に静かなことが多いからです。

また、湖や川でスクライングする時間がない場合は、自然の美しい水を汲んできてボウルに移して家でハイドロマンシーをしても、水道水を使用するのとはまた違う、特別な効果が期待できるでしょう。

◎コーヒー占い

中東が起源ともいわれるスクライングの方法です。トルコのイスタンブールでは、コーヒー占いをするカフェが立ち並ぶ通りがあるほどで、気軽にスクライングを受ける文化が根づいているようです。

このコーヒー占い用のコーヒーは、インスタントやペーパーフィルター用のコーヒーではなく、トルココーヒーやバリコーヒーのようなかなり細かい粉末状のコーヒーを用意します。フィルターを使わずにカップに直接粉を入れ、いれたての時にはドロッとした感触があるタイプのコーヒーです。

トルココーヒーやバリコピも通販で売られていますが、もっと手軽なのは、豆を挽いてくれるお店で細かさを指定して、粉末タイプのようにしてもらうことでしょう。スターバックスでは購入した豆を挽いてくれるサービスがありますが、細かさが10段階以上に分かれていて指定できるようです。「ターキッシュ」(トルコ風)と呼ばれる細かさがあるのでこの段階か、それよりもさらに細かい挽き方を指定すれば、コーヒー占いができる細かさになります。

①コーヒーカップに粉状のコーヒーをスプーン2、3杯と好みの量の砂糖を入れます。
②お湯を注ぎます。
③ゆっくりとかき混ぜて、コーヒーの粉が沈殿したらコーヒーを飲み始めます。
④コーヒーを飲んでいる時に、スクライングで知りたい内容を心で問いかけます。
⑤飲み終わったら、コーヒーカップにソーサー表の部分をふたのようにかぶせて、そのままひっくり返します。ひっくり返す直前に、カップとソーサーを両手で持ちながら時計回りに数回、回してください。その時に、質問を心の中で唱えます。
⑥コーヒーの粉の沈殿物がソーサーに移ります。

⑦カップを表にして、カップに残った沈殿物の形で、それが何に見えるか、ということを重要視してスクライングをしていきます。

◎**紅茶占い（タセオグラフィー）**

こちらのスクライングは、タセオグラフィーとかティー・リーフ・リーディングと呼ばれています。紅茶を飲みきった後に行う占いです。紅茶は葉がしっかりとしているものは、まずカップの上のほうで葉が開き、その後下に沈んでいきますので多少の時間がかかります。5分くらいかかるかもしれません。ゆっくり待ちましょう。ダストティーですとわりにすぐに沈みます。

①お気に入りのカップとソーサーを用意します。本格的に取り組むつもりなら、紅茶占い専用のものを用意するのもよいでしょう。スクライングの質が上がります。
②お湯を沸かします。
③紅茶の葉を適量、カップに直接入れます。
④カップにお湯を注ぎます。葉がカップの下に沈むまで待ちます。

⑤砂糖などを入れる人はここで入れてかき混ぜましょう。
⑥ゆっくりと心で問いかけながら、紅茶を飲んでください。
⑦ほぼ紅茶を飲み終わったら、カップの上にソーサーをのせてひっくり返します。
⑧カップに残った葉の形や、位置、何に見えるかなどを考えながらインスピレーションを得てリーディングをしてください。

◎キャンドルスクライング

水を張ったボウルにキャンドルを垂らしてそれが何に見えるか、をスクライングする方法です。キャンドルはよく売られている直径1～2センチの細長いものは、慣れないうちは扱いづらいかもしれません。太めのキャンドルのほうが簡単にボウルにロウを垂らすことができるでしょう。

香りはついていないほうが適しています。どうしても香りがついたものがよいのならば、またそれしか用意できないなら、必ず天然の材料で香りづけされているものを選んでください。スクライングや魔術で使うキャンドルは蜜蝋で作ったものがベストですが、石油で作られた物でもスクライングはできます。

①大きめのボウルを用意してお水を張ります。
②キャンドルに火をともします。そして燃える炎を見ながら、あなたが本当に知りたいことは何かを自分自身に問いながらしばらく瞑想して下さい。
③キャンドルが燃えてロウの部分が十分に溶け出し始めたら、あなたのスクライングの問いかけをノートに正確に書きましょう。その後声に出して言うか、心の中で問いかけましょう。
④キャンドルを手に持ち、ボウルの真ん中あたりをめがけて一気にロウを流します。流したらキャンドルを置いてください。ロウは必ず真ん中あたりに落としてください。同じ形でも、ボウルの右か左かの違いで、意味が異なってきます。
⑤ボウルの中のロウが、ボウルのどの場所で、どのような形を作っているかを見て、インスピレーションで、リーディングをしていきます。

◯垂らしたロウは何に見えますか？

回答は形のこともありますし、ボウルのどの位置かなどでイマジネーションを働かせて読んでいきます。時々、「ＹＥＳ／Ｎｏ」の「Ｙ」や「Ｎ」の文字に似たロウの形が浮かび上がることもあります。
・向かって右側にロウが集中している
未来に向かっている。未来に重点が置かれている状態。
・向かって左側にロウが集中している
過去に比重が置かれている。忘れられない過去。過ぎ去った事柄にこだわっている状態。

その他、象徴解釈の基本ポイントなどを参考にしながら、見えたような気がするロウを、具体的な回答に落とし込んでいきましょう。

○必ず記録を取ろう

水晶透視の練習と同様に、必ず記録をつけて、ことあるごとに過去の記録も見直してください。当たったのか、当たらなかったのかがあいまいだとそのあいまいさがあなたの光の体に記録されていき、スクライングは明確な答えが出ないものである、という認識をあなたの潜在意識が持ってしまいます。

そうすると、初めのうちは冴え渡っていたリーディングも、少しずつぼやけたものになっていってしまいます。

◎自然に起こるスクライングもある

水晶や黒曜石などの道具を使ったスクライングの練習を重ねると、練習をしている時以外にも不意に映像を見ることがあります。個人的によくあることなのですが、アロママッサージなどに行った時に、目をつぶって、うつぶせになってマッサージをしてもらっていると頭の前あたりにスクリーンが出てきて、映画を見るように、動画の映像を見ることがあります。

また、朝、眠りから覚めた瞬間に、頭からかぶるような形でかけている、ふとんの白いシーツに映像を見たりします。唐草模様のような、少し中東風のような気もする模様が少しずつ動いていて、まるで生きているようです。形は、簡単に書き取れるほど明確ではなかったのですが、（何しろ形は一瞬一瞬、どんどん変わっていくので）とても印象的でした。朝、眠りから覚めた瞬間に、壁一面に古代エジプトの神殿の柱のようなものを何本も見たりもしました。

そのような、大きな映像を見るとその美しさに圧倒されます。

このような水晶透視やスクライイングの練習以外でホログラムの映像のようなものを頻繁に見る場合は、エネルギー体と実体の体のバランスを取るためにスクライイングの練習をしばらく休んでもよいでしょう。短ければ2、3日。長くて三週間くらいブランクを開ければ十分です。常に表の実質的な世界と、エネルギー的な世界のバランスを取りながら進むことを忘れないようにしてください。

また、自然発生するスクライイングは、日頃疑問に思っていることや、抱えている悩みの答えであったりするケースもあります。見える世界で問いかけをしながら、水晶透視やリーディングをしなかったからといって、それが回答ではない、ということではありません。自然や宇宙は、絶えず、様々な形で私たちにメッセージを送ってきています。それを明確な映像で受け取る幸運を感じてください。

また、受け取ったものは、どんなに突拍子もない映像だと感じても、できるだけ記録を取り、シンボル解読をするようにしてください。そこにあなたという存在の重要な鍵が隠されているかもしれません。

第五章　練習を始めてから映像が見えたその瞬間まで

水晶透視、夢、ヴィジョン……重なり合っている世界

◎暗い部屋が一段と黒く暗くなる、3Dブラックネス

私が、水晶透視の練習を始めたきっかけは「はじめに」で書きました。ホログラムを見てから、実際に黒鏡を作り、スクライングの練習を始めるまでには数か月かかりました。

黒鏡でのスクライングの練習を始めたのは、2011年の冬で、東日本大震災の直前くらいでした。黒鏡を作るのには、乾燥した晴れた日が望ましく、一日かけてのんびりと黒鏡を作りました。

その直後から練習を始めたわけです。

黒鏡を見始めてから、すぐにざわざわとした細かい点や、煙のようなものを黒鏡に見ることができました。初日から見られたと思います。手応えを感じられるのが早かったため、私はすぐに夢中になりました。

練習の時間帯は、数日やってみて夕方の時間帯のパワフルさにすぐに気づいたので、夕方の時間帯を多めに、それと早朝の時間帯を使って、毎日3時間前後のスクライングの練習をしました。初めは黒鏡を使いましたが、すぐに直径30ミリくらいの水晶球を購入し、黒鏡と水晶と両方使っていました。

黒鏡は、ガラスの時計皿を黒く塗って、たくさんの鏡を作っても、基本的に一枚一枚それぞれ違って個性がある、ということはありませんでした（しばらく使っているうちに、持ち主のエネルギー体とも言える気配に満ちていくことはあります）。しかし、水晶は、ひとつひとつ個性があり、また日によっても、まるで人間の体調のようにコンディションが違うことを発見しました。日によって、黒鏡のほうが見やすいと感じたり、水晶球のほうがスクライングしやすいと感じたり、感じ方に波があることもすぐに理解しました。

ある日、夕方に練習をしていたら、ただでさえ暗い部屋が一段と黒く暗くなり、トンネルのような空間がキッチンに広がりました。キッチンは行き止まりなのに、見ているその空間は、バーチャル的な奥行きがあります。初めて見る光景にドキドキして、また体が時々振動して、その日は朝まで眠れませんでした。

これは、3Dブラックネスと呼ばれている現象で、ここからがスタートというような状態なのだそうです。

師匠Oにメールで聞いたら、私のネガティブな想念とかが、外に出ているのかもしれないね、というような回答。その時は正直なところピンときませんでしたが、今考えるとそういう一面もあったかもしれません。変性意識に入って、まず無駄な物が排出されていく。浄化される。これは瞑想をする時もこのような段階があります。瞑想を始めて、最初のうちは雑念が休みなく、せわしなく湧き起こってきて、頭の中は大変忙しい。でもそれもひと段落すれば落ち着いて次第に、瞑想に集中できるようになるように。

私にとっては、あの時がちょうどそのような時期だったのだと思います。超長期スパンのエネルギー浄化のような側面が、あったかもしれません。

◎自分のルーツを夢でたどる

この3Dブラックネスを体験してから、すっかりびびってしまい、3週間くらいはまともにスクライングの練習はできませんでした。ぼんやり再開したような、していないような、やっぱりスクライングの練習は怖いような……。そんな時期に、東日本大震災が起こります。

東日本大震災は、大きな余震も多かったので、なかなか集中して水晶透視をやろうという気になれない日々が続きました。この時期は私だけではなく、多くの人が震災をきっかけに、今まで閉じていた意識の扉を開いていったタイミングでもあったと思います。

震災直後から、何年も会っていない人たちの夢をたくさん見ました。実質的な肉体が、地震という大地の振動によって揺さぶられ、余分な思いや考えがふるい落とされました。そうやって見えない体である第二の体、気の体が活性化されたことで、どんどんと自分がシンプルになり、エネルギー体に記憶されたまま眠っていた情報が、浮き上がってきたようでもありました。

震災後の数か月は、それまでよりもエネルギー的に周波数の高い夢をたくさん見ました。自分のルーツを、夢でたどっていたようにも思います。夢は強烈で圧倒的なものが多く、直感的に、水晶透視の練習はあまりしないほうがよいと感じていました。見える世界である物質の世界と、見えない世界とのバランスを取ったほうがよいと感じたからです。

数か月は、ほとんど練習できない日々が続き、象徴的な夢を見ては、シンボル辞典でその意味を調べる日々が続きました。

◎初めて色を見る

こうして、夢見が少し落ち着いてきて、夏の終わり頃に水晶透視の練習を再開しました。それから間もなくの9月17日に水晶球に初めて鮮やかな色をはっきりと見ました。はっきりと映像を見ることができることを信じていたのに、いざ見えたとなったら非常に驚きました。

「本当だったのかー！」と心の中で、何度も叫びつつ、興奮しすぎないように自分の感情をコントロールしながら色を見る。生きているように蠢いている色。それを見ている自分。

今思うと、映像を見られる、ということを信じるのは、水晶透視の最低限のスタート条件のように思います。そうでないと、結構無駄な時間を使うことになります。顕在意識では、映像が見られることを信じているけれども、潜在意識では信じきれていない。こういうケースはとても多いと思います。

私は、「本当なのだから、信じよう」と決意を新たにしました。色の次は映像だろう、明日も鮮やかな色を見るのかもしれない。そんな甘いことも考えましたが、翌日色を見ることはなく、明確な映像を見るのも、まだまだ先のことでした。

◎秋分の日に海沿いのお祭りに行く

２０１１年の秋分の日に、千葉県のいすみ市で行われるはだか祭りを見に行きました。東の太平洋の海沿いの神社に訪れました。秋分は昼と夜の長さが同じになる日。朝、その海岸で、その周辺から日本の主要なレイラインのひとつである御来光の道に沿って、出雲大社までつながっていく太陽の日の出を見ることができました。

春分と秋分に、千葉の玉前神社から日が昇り、寒川神社や富士山、琵琶湖を通って出雲大社に沈んで行きます。はだか祭りを行う町は、この玉前神社から近いのです。

日の出の時間に、海岸へ行きました。すると最寄りの神社の担ぎ手である若者が上半身裸の祭りの格好で、一升瓶の日本酒を持って浜へ現われました。そして、お酒を海に注ぎ始めました。祈りのような静けさと神聖さを感じました。その光景はまるで夢の中の出来事のように美しく、自然と涙が溢れてきます。お酒は海に完全に注がれ、瓶はからっぽに。男性は、お酒を海に捧げる代わりに、きっと目には見えないけれども、何か大切なものを受け取ったのでしょう。それは瓶に詰められたのかもしれませんし、男性の光の体にしっかりと刻まれたのかもしれません。

彼は男性でしたが、どこかタロットカードの「星」のカードの女性を思い起こさせる光景でした。海と陸の際では、私たち人間は高次の世界との呼応を体験するのです。

その後に、小さな神社のお社の周りを、二基の神輿が蛇のようにぐるぐると何周も走って回るというご神事を見ました。神輿と担ぎ手の人たちが作る螺旋をぼーっと見ていると、本当に蛇のように見えました。光の体に意識をシフトすると、担ぎ手の人たちの光の体はとても濃くて、本当に一本の線のように見えるのです。

夢を見ているような不思議な感覚に包まれて見物していた時に、唐突に酔っぱらいのおじいさんが近づいてきて「これをもらってやってください」と祭りの扇子を渡されました。扇子は象徴的に、風。風は知性や意志や思考を象徴します。秋分の日に、ご来光の道の起点近くで、つまり東の玄関のような場所で、酔っ払った老人から風の象徴を受け取る――シンボリックな体験でした。

老人は、オールドワイズマン。賢者でもある。まるで神の使いが現れたような、不思議な優しい空気を感じながら、それを受け取りました。老人は、ただ一言。「これをもらってやってください」と、それ以外は何を言うでもなく、そのままふらりふらりと去って行きました。

その出来事の帰り道、小道を歩いていた時に、東から西へと走っていった御来光が戻ってきたかのように、西から東にゆっくりと海に向かって道を横切っている蛇の姿をほんの2メートルくらい先に見ました。太陽は東から西へ。蛇は西から東へ。行き来する神々の姿を見たような気持ちになりました。

これは決して、夢やホログラムやヴィジョン等ではありません。物質界のリアルな蛇です。

ふだん東京の街中に住んでいる私にとっては、10年以上も蛇を見る機会などなかったのにもかかわらず、このシンクロニシティは、心の中ではなぜか当然のことのように受け止められました。この出来事は夢と現実の区別のつかない境界の領域で、高次の世界との繋がりを開いた、次の段階へと進むための大きなきっかけになりました。

私は、その場所から歩いて5分ほどの家族の家に戻ったらすぐに、神社に詳しい、師のような人にメールをしました。蛇を見た、と。このような体験は、「人間の側からは選べない」という返信がすぐにきました。

蛇などのパワーアニマルが現実の生活に現れてくる――それは確実にその場所（この場合は神社）と繋がったサインなのだそうです。一般的にそういったサインは、人間のほうから選ぶことはできず、高次元から与えられるものといわれています。

この秋分の日の出来事がきっかけになり、この時期からパワースポットでゆかりのある動物を見るなどのシンクロニシティが、自然な流れの中でさらに頻繁に起こるようになりました。具体的なアヤしい出来事が増えてきたのです。

また、水晶透視で光の体を強めていくと、その別の体験の仕方として、神話的で元型的な話は、夢やヴィジョンの中だけではなく、実生活にもその波動が降りてきて、具体的に体験するものだということを理解できました。

◎夢の周波数が上がる

この秋分の日の出来事以来、夜見る夢の雰囲気が変わってきました。

エネルギー体が強まっていくと、夢の見方も質も変わってくるものなのです。元型的で、神話的な夢をたくさん見るようになります。震災の後の夢ラッシュは、自分の魂と近い人との交流などの夢が多かったのですが、水晶透視の練習が進むにつれて、高い周波数の世界に触れているような夢が増えました。

夢1

海辺の家にいると、トルコ人とイラン人の男性二人組がエネルギー体で、壁を透り抜けて家の中に入ってくる。何も持っておらず、シンプルないでたち。入ってくるなり、「おまえはいったい何のビジネスをしているんだ」とすごんでくる。私はこわいと思いながら、「仕事はしていません」と言う。でもそう答えながら、「この人たちはなぜ　あのこと　を知っているんだろう」と思っている。

そう頭で探りながら答えている。

後日、夢と神社に詳しい知人に聞いたところ、「繋ぎビジネス、ジョイント産業」とだけ返信がありました。当時はその意味がさっぱりわからなかったのですが、夢の家は、東の海岸沿いの家だったので、ここを起点として、ご来光の道沿いに延ばしていくと出雲の先は、イランやトルコになります。東と西とを結ぶような、ジョイント産業を私は、エネルギー体で、アストラル界でやっているのかもしれないと、今ではそう考えています。

夢2

自分が白いエスティマ（トヨタの天才卵）に乗って、自分に縁がある土地を探し回って、迷っている夢を何度も見ました。草原（アーダスが咲いている野原）で迷って、エスティマを止めて休んでいる、という夢です。アーダスの草原とは古代バビロンにあった草原だそうで、私は、魂が帰るところとして捉えています。魂の記憶を初期化する場所のようにも感じていました。その草原に止められた車の中で、運転席に座っていて、次にどこにいくべきなのかを静かに考えています。

迷っているはずなのに、心は穏やかで満たされています。車の窓から見える風景は、見渡す限りの草原で、優しい緑色が美しく、所々白い花が咲いています。

水晶透視をしていく中で、私のスピリットは浄化され、シンプルになり、一度ゼロになり、再び向かう場所を選んでいたのかもしれません。

夢3

ディセンションの記憶とも言える、地球に生まれ落ちる直前の記憶のような夢も見ました。陰陽が分かれる、分離の記憶。一なるものが、この地球に来るときに二つに分かれる時の記憶のような夢です。昼と夜、善と悪、男と女、光と闇。この地球のルールは陰陽の法則に満ちています。

夢4

畳、10畳分くらいの広さがある卵の中にいる。それはひび割れた卵。その中に、知らない男性と二人でいる。男性は座っていて、私は立っている。

男性は、卵がだんだん割れて外に出ることに怯えている。不安そうに、卵の隅に座っている。私は、卵の中で立っていて、自分の頭の上の卵のヒビを見つめている。そろそろ割れそうだと、ドキドキワクワクしている。

この逆バージョンもあり、見知らぬ男性が、今か今かと待っていて、私が不安でたまらないという感情でいっぱいの夢も見ました。このように陰陽分離の直前の記憶のような夢を、とにかくたくさん見ました。私がどうして地球に生まれてきたのか、長年疑問に感じていたからかもしれません。

これとは逆に、ディセンション（下降）の夢ばかりではなく、アセンション（上昇）の夢も見ました。海の中で、男性と水遊びをしていると思ったら、カドケウスの蛇のように上昇していくような夢。分離から源へ帰るような夢です。

夢や見えない世界では、このように完全にバランスを保つように、物事が進んでいくようです。

水晶透視の練習をすることで、自分のより深い部分と繋がることが可能になり、今まで眠っていた記憶が呼び戻されていくようです。それは光の体に長い間ストックされていた記憶が目覚め、魂の記憶が蘇るということでもあり、本当の自分を思い出す作業でもあります。より統合された魂の進化を加速させるきっかけにもなるのです。

◎春分前にモーツァルトの松果体を借りる夢

モーツァルトが夢に出てきました。私の後ろ側に立ち、私の左の頭（脳）は形が少しおかしいと言います。そして、「ちょっといじるね」と言っていきなり頭に手を突っ込んできます。

まるで、ゼリーと水あめの中間くらいの柔らかさです。いきなりズボっと頭に手が入ってきて、その感触を感じます。すると唐突に「君の松果腺は小さい」、とモーツァルトが言うのです。見るとモーツァルトの脳は大きくて、ダイヤモンドのようなカットがあり、キラキラと輝いているように見えます。私のゼリー状の頭をかき混ぜながら、「自分の頭を少しの間貸してあげようか？」と言って笑っています。

私は貸し借りするものなのだろうか？　と驚きながらされるままにしていると、（ここで半分くらい目が覚める）「長くかかるよね……」とモーツァルトがつぶやいているという夢を見ました。

長くかかるとは、覚醒のことなのか、なんなのか。実際に、水晶透視で映像を見た後にも、この頭の手術のような夢は何回か見ました。モーツァルトによる頭の改造は、この一回だけでしたが。

そして、最近は頭の手術の夢を見ないので、とりあえずやらなくてはならないことは終わったのかもしれません。こういう夢は、いかにも見そうで、でもいつでも見られるわけでもないのが興味深いです。

◎春分の直前に人のホログラムを見る

3月20日。4時前に目が覚めました。その瞬間に、顔の部分はなかったのですが、顎の下くらいから、上半身の紺色のトレーナーを着ている男性のカラーのホログラムが下から上へと消えていくのを見ました。まるで右から左に流れては消えるテレビのテロップのようでした。下から上へと流れつつどんどん消えていく。そのホログラムの男性は、見つかってしまった、とでもいうように、急いで消えようとしているようで、今思うと笑えます。

しかし当時は、本当に怖かったです。一瞬のことのはずなのに、スローモーションになっているかのように、長く感じるのですよね。これ何？　幽霊？　幽体？　本当に見ているの？　怖い、見たくない、と感じながらも、私が今やろうとしていることは、見えないはずのものを見ることなのだから、と言い聞かせながら冷静でいようとする自分がいました。

◎ロゴのようなものをたくさん見る

この頃から、朝方や夜中にぱっと目覚めると、空間に美しいロゴのようなホログラムを見ることが多くなりました。白い薔薇のホログラムは、本当に綺麗で、静まり返った部屋に、香りまで漂ってきそうな気配に満ちていました。

グループのロゴのような雰囲気で、私はエネルギー体で、何かの仲間入りをしたのではないかと感じたことを思い出します。

度重なるホログラム映像に、もう怖いとは感じなくなってきました。ほんの一年ちょっと前に、蜘蛛と蜘蛛の巣のホログラムを見て興奮しまくっていたことを考えると、かなり慣れました。

◎4月15日の日曜日。竜宮。エジプトとシリウス。東の海とのつながり

こうして春分を越えて、私の怪しさはさらにギアを上げていきます。

様々な映像や夢を見るのですが、それは古代エジプトとシリウスとのコネクションをたどるものでもあったようです。

実際に私は2014年と2015年にエジプトに行く機会がありました。今思うと、この水晶透視体験は、それまでのつなぎのようでもあります。実際に、私が参加したスピリチュアルツアーの他の参加者のスペイン人が、エジプトのカイロの空港で荷物を待っていた時に、見知らぬエジプト人に、「Missing the link? Missing the link?」としつこく聞かれたと、知り合ってすぐに話してくれました。

意味不明だとそのスペイン人は言いましたが、「繋がりを見失ったの？」という非常に重要なことをシンボリックに聞かれたのだと思います。普段なら夢や、エネルギー体の体験で止まってしまうようなことを、実体験してしまうのがエジプトのような気もします。

私たちは、失った繋がりを取り戻そうと、アストラルの世界で、エネルギー体を使って、日々活動しているのかもしれませんね。そのためにエジプトなど、超古代文明の痕跡が残っている場所へと足を運ぶのでしょう。

夢1（初めて映像を見る10日前。4月5日の夢）

竜宮のような場所にいる。いつもボディボードをしに行く海岸の海の水が一斉に引いて、沖までどんどん歩いて行けます。それは砂漠のようにも見える。坂を下りていくように沖に歩いていくと、エジプトの王家の谷に似ている雰囲気になってきます。竜宮のような建物があり、その竜宮はハトシェプスト神殿と広島の厳島神社を合わせたような作りだとその時は思います。後々考えてみると、アメンティホールのようにも思えます。

世界のどの地方とも言えないような雰囲気で、たくさんの人がいます。巫女のような女性たちがいて、肌が浅黒く、エジプトの白い服と日本の巫女の服を合わせたような服を着て回廊を歩いていきます。ホールのような部屋に、タロットカードの「皇帝」のような人物がいて、玉座のような椅子に座っています。その人物が私に指輪を渡すと言うのです。

ハトシェプスト神殿

その人　↓　お付きの人　↓　人間の？・男性　↓　私　と様々な人を介して、大きくて石がたくさん使ってある指輪をもらうのです。グリーンやピンクの大きな透明な石が使われています。私はその指輪を左手にはめます。指輪を指にはめた後にその大きさに改めて驚いています。

夢2（初めて映像を見る6日前　4月9日）

ドイツの病院にいる。医師の名がドイツ名で、病室の前にその名前が表示されている。私はコの字型になっている階段を下りながら、角にある病室を見ている。そこでは目の治療をしている。それを見ながら、目の手術は怖いな、と思っている。

目の手術ということで、見え方が変わる、目の使い方が変わりますよ、というお告げというか、メッセージだったのだろうと思います。すでに書いたように、水晶透視で映像が見えている時は、どこに目がついているのかわからない、まるでオーラ全体で映像を見ているような錯覚に陥ります。または、胸の中心に目がついているとでもいうような、胸に映像が映っていると感じることがあります。もしかしたら、これが心眼というものなのかもしれません。

この頃私はシュタイナーを読んでいました。シュタイナーの本を読み終えた直後に初めて映像を見たので、今でもあの時は、シュタイナーが何か手助けしてくれたのではないかと感じることがあります。

以前、YouTubeで98歳の現役ピアニスト室井摩耶子さんのインタビューを観たのですが、その中で印象的だったのが、「作曲家たちがみんな、そこらの木の間に隠れていて、ピアノの練習を見ている。いい加減にやっているとそっぽ向いてどこかに行ってしまう。これだという良い演奏をすると作曲家たちが出てきていいぞいいぞ、と褒めてくれる」。

この話の中での作曲家というのは、すでに死んでいて、肉体の体は持っていない。けれどもエーテル体（エネルギー体）は生きていて、その体で作曲家たちは自分の作品を弾く人たちを見ている、ということだと思います。これは音楽でのことですが、オカルトやスピリチュアルでも同じことが言えるのではないかと思います。

シュタイナーもそうですが、初めて水晶に鮮やかに色を見たときは、カスタネダの著作をすべて読みきった日でしたので、カスタネダやその師とされているドン・ファン・マトゥスが助けてくれたように感じたものです。すでに肉体の体は死んでいても、エーテルの体、エネルギーの体は生き続けていて、自分と同じことに興味がある現代の人に興味があり、手を貸そう、助けようと思っている著名な人たちは意外に多いのかもしれません。

◎ついに、映像を見る。「バチバチ」という音が始まりの合図

そして2012年4月15日。ついに黒鏡に映像を見たのです。

その日は目覚めてからずっとベッドの中で、水晶や黒鏡を使ってスクライングの練習をしていました。

時々、黒鏡を手に持ったまま、寝落ちしてしまいます。そして、夢うつつの中でハッと目覚め、また少し鏡を見つめてスクライングをし、また眠りに落ちて……ということを何度か繰り返し、またハッと目覚めたその瞬間に、黒鏡がいつにもまして、煙のようなもやもやっとした光と違和感がありました。あれ？ と思う間もなく、「ばちばちっ！」という、電気が切れたようなもの凄い音が頭の中に響き渡りました。その瞬間に、というかその爆音と入れ替わりに、黒鏡に白黒の動画の映像が映り始めたのです。

見ながら、怖い…怖い…と心の中でつぶやいていました。もうスクライングはいいから手を放したい、と。

黒鏡を手から放して、布団の上に落とせばいい、と頭では思っているのですが、金縛りのようになっている状態で、指一本さえ動かせません。黒鏡は全面がスクリーンになっていて、白黒の動画映像を映し出しています。若い兵士たちが横長に並んで記念撮影をしている、その横で着物の上に割烹着を着た女性たちが食事の支度をするのに動き回っている、という白黒のはっきりとした動画でした。

まるで戦争のドキュメンタリー番組をテレビで見ているかのようでした。音はないので、シンとしていて、無声映画のようでした。

くっきり動画を見た時点で、目標達成していますから、喜ぶべきだったのですが、映像が白黒であることと、戦時中らしい動画に少し不満でした。もっとスピリチュアル色の強い、美しい世界を期待していたと思います。

それでも、この初めての映像が戦時中の映像であることに興味を持ちました。当時、私が住んでいた場所は、自衛隊の駐屯地の近くで、私がよくジョギングに行った公園は、その昔はアメリカ陸軍の家族宿舎の跡地でした。その公園一帯が、かつて家族宿舎であったことはわりと知られているのですが、その家族宿舎が建てられる前に、日本陸軍の飛行場で、特攻隊の編成、訓練をしていた場所であったということはあまり知られていないようです。

公園内に、記念碑もあるにはあるのですが目立たなくて、「この地には1943年(昭和18年)帝都（首都）防衛のため陸軍飛行場がつくられ　多くの若い生命が空に散っていった。地元住民にとっても　農地を強制買収され　基地づくりに動員された忘れがたい地である。」と記されています。

きっとこれだと少し読んだだけでは特攻隊とは結びつきにくいでしょう。ここで訓練し、この飛行場からB29に特攻したようです。飛行場のことと、特攻隊のことは少しだけ知っていました。ネットで調べてみたら、昭和20年の4月13日と14日に飛行場の一帯が空爆目標とされて攻撃され、この辺りはかなりの被害を受けたことを知りました。

私が初めて黒鏡に映像を見たのは、4月15日ですので、どこかシンクロニシティを感じます。私の初めての映像は、このような兵士たちが出発する前に実際に行われた、あるワンシーンだったのかもしれません。それは、土地が忘れずに、しっかりと記憶しているものだったのでしょう。私は、スクライングを通じて、その大地の記憶にアクセスしたのだと考えられます。

映像を見る、というのは一見、個人的な体験に見えるけれど、実は色々なものや人々、存在が混ざり合って、自分が見ている、とは言い切れない、集合無意識的な要素が多分にあるのです。

◎初めて映像を見た後

初めて黒鏡に映像を見た後、10～14日間くらいはほぼ毎日、水晶か、黒鏡か、空間か、壁に様々な映像を見ました。この時はエネルギー体に大きくシフトした滅多にない期間だったのかもしれません。スイッチが切り替わっている時は、部屋が薄暗い必要はなく、昼間でも壁や空間にフルカラーの映像を見るものなのだということがわかりました。しかし、黒鏡には、明るい時に映像を見ることはありませんでした。

翌日の4月16日には、早朝に目覚めた瞬間に、フェニキア文字のような白銀色に輝く文字が、白い壁にテロップのように向かって右から左へと流れていく、という映像を見ました。

輝く10～15文字くらいの文字が、本当に美しく流れるように私の目の前を動いていきました。読もうとするとどんどんと流れ、形を変えていき、消えていきます。今までに見たどのようなものよりも、美しい光景でした。その感動と驚きに飲まれそうになりながらも、一文字でもいいから覚えていたい、と頭をフル稼働させようと頑張ったことを覚えています。でもやっぱりそれは叶わなかったのですが。

この白銀色に輝くテロップ映像を見た日から現在まで7年経ちますが、残念なことにこれほど美しいものをその後見ていません。この時私はとっさにフェニキア文字のようだと感じましたが、その後に霊界文字ではないかとの意見も頂きました。

そのほかにこの時期は、特に文字のスクライング映像をたくさん見ました。水晶にも黒鏡にも。特に、1～3文字くらいのロゴをよく見ました。それは美しくデザインされたものでしたが、休みなくダンスをするように動く文字なので、書き切れずに消えていきます。

また古文書のような雰囲気の書物に、見開きページに文字がぎっしりと書いてあるものなども。意味はわからないものばかりでしたが、ふだん関わることのできない世界に触れているという感触がありました。きっと光の体はすべてを理解し、また見たもののエネルギーを吸収しているのだと思います。文字の映像は、どんどん動き、ダンスのように踊るような文字の映像がとても多かったです。

◎それぞれの世界が重なり合っている

水晶透視や黒鏡の話のはずなのに夢の話ばかりと感じられるかもしれません。ですが、水晶透視の練習を通じて、私は夢の世界やアストラル界、実生活の層が重なり合っていることを実感しました。

これらはセットなのです。

水晶透視をしていると、夢を見る頻度が高くなります。それに水晶透視の練習→寝落ち→寝ている時に見る夢、というプロセスをたどることも多いので、どこまでが水晶透視の映像で、どこまでが夢なのか言いづらい時があるということもあります。

また、実生活でのシンクロニシティが増えることがあります。個人差があると思いますが、あまりにもそれぞれの世界が重なり合っているように感じ、アストラル的な影響が、実生活に入り込んでいると感じられる場合は、やはり水晶透視の練習の時間や、頻度を減らして調節するとよいと思います。

◎初めて映像を見た直後の10日間は、その後の数年間の鋳型？

冒頭に、水晶に明確な映像を見ることは、自然な形で起こるイニシエーションのようなものだと書きましたが、そのイニシエーションの後、性格なども少しずつ変わっていきました。

最初の10日間で、性格や感じることが変わった、と自覚をしながら生活をしていました。あれ、なぜこのように感じるんだろう、と感じている自分を見ている私がいることに気づきながらの生活でした。昔読んだ、ゲリー・ボーネルさんの『光の12日間』という本を思い出しながら過ごしていました。まるで、あの12日間のようだな、と感じていました。

最初の10日間は、その後の数年間の鋳型のような10日間だったと思います。性格が変わり、生活も変わっていき、それは7年くらいかけて安定していったように思います。

水晶透視に明確な映像を見てから何が変わったかというと自分自身が、自分というものから解放された気がしました。

何を見ても、聞いても内側に向かう私から離れられず、主観で生きてきたそれまでの生き方が少しずつ変わってきました。明確な映像を見たその日に、外側との通路ができたようでもあり、その扉が開いた状態から、また「私」、「自己意識」を作り変えていくプロセスが始まったような感じです。

私は10歳の時から、西洋占星術とタロットをやっていますが、水晶透視で通路が通ってから、タロットや占星術から得る情報が、以前よりも緻密になったと感じます。本を読んでいても、以前は素通りしていたものをしっかりと受け止めることができると感じます。あくまでも以前の自分と今の私との比較の話ですが、今のほうが、自己意識の粒子が細かくなったようなのです。

そして、高次の世界で体験した、エネルギー体の体験は必ず雨のように、私たちの地上生活に降りてきます。それは非常に刺激的で、私たちのサイズの範囲を超えた形でやってきます。その時、私たちのそれまでの生活が大きく変わっていきます。それは、真の自己に戻るといってもよいのかもしれません。カスタネダの著作で、ドンファンが言う、社会的な要素を抜いて、物事を見ることができるようになるのです。

おわりに…水晶は持っているだけでも開運効果バツグン

スクライングには興味がない、水晶透視をする時間がない。けれども水晶という石は気になるという人も多いでしょう。最後に、持っているだけでも開運効果があるといわれる水晶の使い方について、考えてみたいと思います。

◎ポケットやバッグに入れて持ち歩こう

水晶球は常に持ち歩いていても負担にならない大きさ、ポケットなら直径20ミリくらい、バッグなら30ミリ程度までくらいの水晶球を用意しましょう。

水晶透視用の水晶と同じく、使用する前によく浄化をしてから使い始めてください。また毎日持ち歩くので、帰宅したら水晶チップやアメシストのクラスターに置いて毎日のように浄化をするとよいでしょう。

日々仕事をしたり、人と接したりして迷ったときなど、その瞬間にポケットに忍ばせてある水晶に触れるだけでも、気持ちが落ち着いたり、その時に取るべき対応や態度、感情の持ち方に変化が起こることがわかるでしょう。水晶は触れるだけでも、地球のエネルギーラインに接続されてエネルギーがもらえるという効果があるのです。

また毎日持って歩く場合は、扱いに注意しましょう。私は登山に持って行って岩のぼりをした瞬間に、ポケットから水晶が転げ落ちてしまいなくしてしまった、というような体験がこれまでに数回あります。その時は結構ショックでした。それでなくても傷つきやすいものですので、丁寧に扱うようにしてください。

なお、毎日持ち歩いていると、人に見せたくなったりするかもしれませんが、基本的には他人に触らせないほうがよいです。水晶透視をしなくても、水晶球が魔法の道具であることに変わりはありません。

◎パワースポットに持って行こう

第1章に書いた通り、水晶は地球と私たち人間を繋げる橋のような役割をします。神社などのパワースポットに行くときは、ぜひ持参しましょう。その土地が持っている雰囲気や気配を理解することを助けてくれます。

私は、神社の拝殿と、神社の敷地内の中で本当にエネルギーが強い場所はずれていることも多いと感じます。小さな水晶を手に持ちながら、ピンポイントのスポットのような場所を探して、そこでエネルギーを感じてみてください。水晶は大地のエネルギーを取り込む手助けをしてくれるでしょう。

また、ご祭神とのコンタクトも、水晶があるほうが効率的です。○○しますように、などの願掛けだけではなく、神社と、大地から必要な情報を頂くという意図を持つとよいでしょう。

◎霊的な妨害から身を守ってくれる

水晶はマイナスなエネルギーを減らす、という効果があります。エンパスやHSPと呼ばれる、人に気を使い、人の気を受けやすい体質の人は案外と多く、そのせいで人混みに出かけられないという悩みを抱えている人もたくさんいます。

こういう場合は、浄化済みの水晶球を常に持ち歩くようにすると、自分自身のエネルギー体が常に太く強い状態でいられることで、ネガティブなエネルギーを受けにくく、疲れにくくなるでしょう。

また水晶のブレスレットに関して質問を受けることが多いのですが、個人的には、水晶ビーズがたくさんついた水晶ブレスよりも、水晶球一個のほうが、浄化力は強いと思います。常に身につけることが難しい場合は、水晶ブレスレットでも良いと思います。

水晶はモノではなくて存在。水晶ブレスレットでも水晶玉でも、生き物を飼っているように大切にすることが重要です。また、水晶を見つめると（水晶透視をすると）、その効果は倍増します。

◎家に飾っておくだけでもＯＫ

すでに書いたように、直径20ミリ程度の水晶球にでも、くっきりとした映像を見ることはできますが、家の中に飾っておくのなら、もう少し大きいほうが使いやすいというのが実感です。

ただし、一口に大きさだけを問題にできないのは、水晶の質のことを考えなければいけないからです。『水晶球透視のすべて』で朝倉三心さんは、直径三センチの水晶球でも普通の家一軒分を浄化する力があると言っています。

確かに無垢玉と呼ばれる無色透明の水晶球なら、その大きさでも大丈夫かもしれませんが、通常のひびなどが入った水晶球ですと直径10センチ以上が望ましいと思います。

家用の水晶球を購入したら、通常どおりに浄化を丁寧にしてから飾ってください。飾る場所は、基本的にはどこでもよいですが、日があたる場所に置いて、直射日光を受けて発火しないような場所を探して置いてください。

また、様々な場所に置いて、変化を感じながら家の中での最適な場所を探してみましょう。

皆さん、水晶透視の世界はいかがでしたか?

私が体験してきた、水晶透視の摩訶不思議な世界を皆さんと共有することができて光栄に思います。水晶透視は非常にシンプルな方法なのに、深遠な体験を次々とし得る魔法でもあります。この本を一度読んだだけでは半信半疑のことも多いと思います。ぜひ、実際に水晶や空の雲や水を張ったボウルを眺めてみて、今まで意識することのなかった、エネルギー世界を体験してみてください。これを続けていくと、あなたの本来のエネルギーが活性化されて驚くような出来事が起こり得るのです。それは変容するというよりは、本来のあなたに戻っていく、本来のあなたを思い出すプロセスであるかもしれません。

またあなたという存在の様々な側面や、多彩さを見ることになるでしょう。

最後に、水晶透視というマニアックな分野の本を書くという話を持ちかけて下さった彩流社の金澤理さんに厚くお礼を申し上げます。本当にありがとうございました。

2020年3月　ひあり奈央

［著者紹介］

ひあり奈央（ひありなお）

水晶透視研究家・占星術師

東京生まれ。原宿ヒーリングサロン＆スクールを主宰。10歳の頃より自然に導かれるように占星術とタロットを始める。幅広い研究・実践・経験を積み1996年にプロデビュー。20年以上にわたって、コンサルティング・エネルギーヒーリング・占い講座・水晶透視研究会等を１万人の方々に提供している。近年では水晶透視研究会を定期的に開催している。

［Ｈ　Ｐ］https://hiarinao.com

［ブログ］https://ameblo.jp/hiarinao/

Sairyusha

やってみよう。水晶《すいしょう》透視《とうし》

二〇二〇年四月十日　初版第一刷

著者　ひあり奈央

発行者　河野和憲

発行所　株式会社　彩流社
〒101-0051
東京都千代田区神田神保町3-10大行ビル6階
TEL:03-3234-5931
FAX:03-3234-5932
E-mail:sairyusha@sairyusha.co.jp

印刷　明和印刷（株）

製本　（株）難波製本所

装丁・組版　中山デザイン事務所

ISBN978-4-7791-2659-8 C0011
http://www.sairyusha.co.jp